CREATIVE PRODUCT DESIGN

文创产品设计

主　编　任　慧　张　超　周　炜
副主编　董云峰　刘欣然　阎玉婷（企业）
参　编（按姓氏笔画顺序排名）
　　　　丁尚大　马　茜　王　冗
　　　　王亚莉　王晓非　王　濛
　　　　石东丽　石姿娴　邢　昊
　　　　任芳冉　刘　莉（企业）
　　　　李　凤　李　勇（企业）
　　　　李鹏鑫　张子梦　张　迪
　　　　张　茜　房　鑫　姜　珊
　　　　霍文涛　魏双丽

北京理工大学出版社
BEIJING INSTITUTE OF TECHNOLOGY PRESS

内容提要

本书系统介绍文创产品设计的相关知识与设计方法，重点培养学生的创意思维、设计技能，以及市场分析、团队合作与对文化和艺术的理解等核心能力。

本书分为三部分，共计 7 个项目，从理论知识、项目实践、案例赏析三个维度全面提升学生在文创产品设计领域的实践与创新能力。第一部分是文化创意产品设计的基本认知和学习方法；第二部分通过实践案例深入介绍不同类型与角度的文创产品设计方法；第三部分通过案例赏析来拓展读者的设计思路，激发其创新灵感。在时代与技术发展的背景下，章节也融入了 AIGC 系列应用在文创领域的探索，进行不断实践与创新。

本书既可作为相关设计类专业的教材，也可作为文创相关设计爱好者的自学参考用书。

版权专有　侵权必究

图书在版编目（CIP）数据

文创产品设计 / 任慧，张超，周炜主编. -- 北京：北京理工大学出版社，2024.4
ISBN 978-7-5763-3942-0

Ⅰ. ①文… Ⅱ. ①任… ②张… ③周… Ⅲ. ①文化产品－产品设计 Ⅳ. ①G114

中国国家版本馆CIP数据核字（2024）第090965号

责任编辑：王梦春　　**文案编辑**：邓　洁
责任校对：刘亚男　　**责任印制**：王美丽

出版发行 /	北京理工大学出版社有限责任公司
社　　址 /	北京市丰台区四合庄路6号
邮　　编 /	100070
电　　话 /	（010）68914026（教材售后服务热线）
	（010）68944437（课件资源服务热线）
网　　址 /	http://www.bitpress.com.cn
版 印 次 /	2024年4月第1版第1次印刷
印　　刷 /	河北鑫彩博图印刷有限公司
开　　本 /	889 mm×1194 mm　1/16
印　　张 /	9.5
字　　数 /	255千字
定　　价 /	89.00元

图书出现印装质量问题，请拨打售后服务热线，负责调换

前言
PREFACE

文化创意产品是人们美好生活的重要组成部分，也是国家文化传承与发展以及推动"文化自信"的重要载体。早在 2000 年，党的十五届五中全会就正式提出了文化产业这一概念；2016 年，国务院办公厅转发文化部等部门《关于推动文化文物单位文化创意产品开发的若干意见》的通知中提出要培养相关设计人才、提升文化创意产品开发水平、促进文化创意产品开发的跨界融合。2022 年，党的二十大报告提出，"推进文化自信自强，铸就社会主义文化新辉煌"。

在这个融合传统与现代、文化与创意的时代，文创产品设计已经成为连接历史与未来、传承与创新的纽带，并正在演变为文化产业的引擎。随着数字化技术的迅猛发展，我们正迎来一个文创设计的黄金时代。人工智能、虚拟现实、互联网等技术的不断融合，将为文创产品设计提供更广阔的创作空间。通过文创产品设计，能够更好地展示我国的文化魅力，推动传统与现代、本土与国际的有机融合。

本书旨在通过理论知识分析与文创案例实践，为读者提供系统的文创产品设计知识体系，引领读者深入探索文创产品设计的世界，了解其发展趋势，掌握其理论知识，感知其中蕴含的文化底蕴，并培养读者系统而全面的文创产品设计能力。

本书分为三部分，共计 7 个项目，整体设计重点培养读者的创意思维、设计技能以及市场分析、团队合作与对文化和艺术的理解等核心能力。在时代与技术发展的背景下，章节也融入了 AIGC 系列应用在文创领域的探索，进行不断实践与创新。

第一部分是文化创意产品设计的基本认知和学习方法，包括文创产品设计概念、基本分类、文创产品设计原理与方法、市场分析等设计基础知识，帮助读者建立对文创产品设计的基本认识和理论框架，引导读者对文创产品设计进行深入思考。

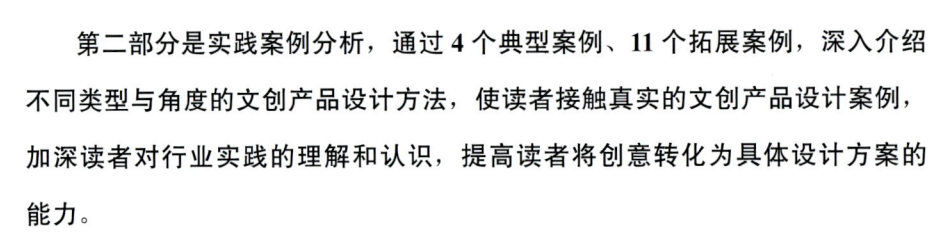

第二部分是实践案例分析，通过 **4** 个典型案例、**11** 个拓展案例，深入介绍不同类型与角度的文创产品设计方法，使读者接触真实的文创产品设计案例，加深读者对行业实践的理解和认识，提高读者将创意转化为具体设计方案的能力。

第三部分是案例赏析，通过介绍国内外博物馆文创案例，拓展读者的设计思路，激发其创新灵感。

希望本书能够成为读者理论学习和实践操作的良好导向，引导读者在文创产品设计领域获得更多的知识和经验，在文化创新领域的旅途中绽放光彩。

编　者

目录 CONTENTS

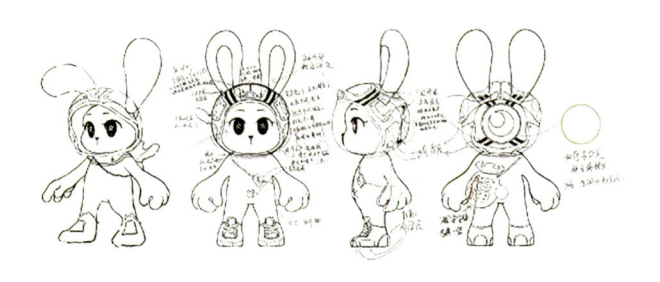

项目 1　如何认识文创产品设计

任务 1.1　文创产品设计认知 // 2

1.1.1　文创产品设计的概念 // 2
1.1.2　文创产品与文化创意产业的发展现状 // 2
1.1.3　文创产品的基本属性 // 3
1.1.4　文创产品与地域特色 // 6
1.1.5　文创产品与知识产权保护 // 9
1.1.6　文创产品设计的未来发展趋势 // 9

任务 1.2　文创产品设计分类 // 11

1.2.1　博物馆与展览文创 // 11
1.2.2　旅游文创产品 // 13
1.2.3　红色文创产品 // 14
1.2.4　主题文创产品 // 15
1.2.5　文娱 IP 衍生文创产品 // 17

项目 2　如何学习文创产品设计

任务 2.1　文创产品设计的鉴赏方法 // 21

2.1.1　文创产品设计的美学与设计原则 // 21
2.1.2　文创产品设计的创意与设计技巧 // 26
2.1.3　文创产品的信息收集与鉴赏技巧 // 29

任务 2.2　文创产品的市场调研与用户分析 // 30

2.2.1　市场调研与 SWOT 分析 // 30
2.2.2　用户分析与竞品分析 // 31

任务 2.3　文创产品设计的常用工具与技法 // 32

2.3.1　手绘与造型技巧 // 33
2.3.2　设计软件的基础应用 // 36

任务 2.4　文创产品设计的工作流程 // 38

2.4.1　项目立项与策划 // 39
2.4.2　创意构思与方案设计 // 39
2.4.3　设计方案制作 // 40
2.4.4　产品展示与宣传 // 40
2.4.5　项目总结与反思 // 41

项目 3　博物馆、展览类文化创意产品设计

任务 3.1　博物馆、展览类文创设计案例赏析 // 47

3.1.1　苏州桃花坞木版年画 // 47
3.1.2　天津杨柳青年画 // 49
3.1.3　佛山木版年画 // 51

任务 3.2　《花开富贵——手账本》案例精析 // 54

3.2.1　《花开富贵》文创产品设计项目调研 // 54
3.2.2　《花开富贵》年画图形元素提炼与色彩搭配 // 58
3.2.3　《花开富贵》文创系列产品载体和概念图展示 // 61
3.2.4　《花开富贵》文创产品设计作品呈现与展示 // 64

任务 3.3　博物馆、展览类文创产品设计项目总结与反思 // 65

案例拓展 // 68

一、武强年画《生肖鼠》木刻年画体验套装文创

  产品设计 // 68
  二、武强年画博物馆周边文创产品设计 // 68

项目 4　旅游景区类文化创意产品设计

任务 4.1　旅游景区类文化创意产品设计案例赏析 // 70
  4.1.1　扬州瘦西湖五亭桥 // 70
  4.1.2　颐和园十七孔桥 // 71
  4.1.3　武汉长江大桥 // 74

任务 4.2　《礼遇赵州——香器》案例精析 // 76
  4.2.1　《礼遇赵州》文化创意设计项目调研 // 76
  4.2.2　《礼遇赵州》文化创意设计方案构思与概念图展示 // 79
  4.2.3　《礼遇赵州》文化创意产品设计方案深化制作 // 81
  4.2.4　《礼遇赵州》文化创意产品设计作品呈现与展示 // 82

任务 4.3　旅游景区类文化创意产品设计项目总结与反思 // 85

案例拓展 // 88
  一、赵县梨"梨-离计时器"文创产品设计 // 88
  二、赵州桥儿童积木文创产品设计 // 88
  三、《礼遇赵州》金属书签及周边文创产品设计 // 88

项目 5　主题文化创意产品设计

任务 5.1　主题文化创意产品设计案例赏析 // 90
  5.1.1　清华大学 110 周年校庆主题文创设计 // 90
  5.1.2　北京冬奥会主题文创设计 // 91

任务 5.2　《保定驴火》文创产品设计案例精析 // 93
  5.2.1　保定驴火标志、标准色与标准字设计 // 93
  5.2.2　《保定驴火》辅助图形设计 // 98
  5.2.3　保定驴火应用要素设计 // 99
  5.2.4　保定驴火文创产品设计作品呈现与展示 // 102

任务 5.3　主题文创产品设计项目总结与反思 // 103

案例拓展 // 106
  一、兔年《兔吉》文创产品设计 // 106
  二、《驴妈妈》文创产品设计 // 106
  三、雄安《雄途在握》文创产品设计 // 106

项目 6　AIGC（人工智能创意生成）在文创产品设计中的应用

任务 6.1　AIGC 与文创产品设计 // 108
  6.1.1　AIGC 技术与常用的平台工具 // 108
  6.1.2　AIGC 技术在文创领域的应用案例分析 // 109
  6.1.3　AIGC 算法和模型对文创产品设计的影响 // 111
  6.1.4　人工智能如何辅助创意思维和概念生成 // 114
  6.1.5　利用 AIGC 工具进行文创产品设计的创意训练 // 115

任务 6.2　AIGC 在文创产品设计中的实践案例 // 117
  6.2.1　项目立项与策划——定瓷工艺和《山海经》主要文化梳理 // 117
  6.2.2　创意构思与方案设计——AIGC 辅助创意构思 // 118
  6.2.3　设计方案制作——《山海经》系列瑞兽瓷器形象选择与加工 // 121
  6.2.4　产品展示与宣传——《山海经》系列瑞兽瓷器展示 // 122
  6.2.5　项目总结与反思 // 123

案例拓展 // 125
  一、《毕加索系列》创意瓷器文创产品设计 // 125
  二、《扎哈建筑系列》创意瓷器文创产品设计 // 125
  三、《潮玩系列》文创产品设计 // 125

项目 7　博物馆文创产品设计案例赏析

任务 7.1　国内博物馆文创产品设计 // 127
  7.1.1　故宫博物院 // 127
  7.1.2　中国国家博物馆 // 131
  7.1.3　敦煌博物馆 // 134
  7.1.4　苏州博物馆 // 138

任务 7.2　国外博物馆文创产品设计 // 142
  7.2.1　大英博物馆（British Museum）// 142
  7.2.2　纽约现代艺术博物馆（MoMA）// 143
  7.2.3　法国卢浮宫（Louvre Museum）// 143

参考文献

项目 1　如何认识文创产品设计

项目导读

文创产品设计是指在融合文化与创意的背景下,通过设计的方式创造出具有艺术性、创新性和实用性的产品。它旨在通过设计传达特定的文化价值观、故事或情感,同时满足用户的需求和期望。

在开始学习文创产品设计之前,首先要对文创产品的基本理论知识进行系统、全面的学习和了解,本项目主要阐述文创产品设计的基本理论和概念、了解发展现状、分析文创产品的基本属性和地域特色、探讨未来趋势,并归纳文创产品设计的基本分类。学习本项目知识,为后续设计实践打下坚实的理论基础。

微课:文创产品设计简介

学习目标

1. 知识目标

（1）学习文创产品设计理论,了解文创产品设计的概念、原则和方法。

（2）了解文创产品设计的发展现状和未来趋势,深入理解文化元素和市场需求。

（3）熟悉文创产品的不同分类和相关案例。

2. 能力目标

（1）培养分析和评估文创产品设计的能力,分析文化元素的适用性和表达方式。

（2）评估设计方案的创意性和可行性,识别和解决设计中的问题与挑战。

（3）运用设计技术和工具来实现创新。

3. 素质目标

（1）培养创新思维和跨文化理解的素质,培养对文化多样性的尊重和包容。在文化创意产品设计中能够产生有深度和影响力的作品。

（2）培养观察力和敏感度,培养团队合作和沟通能力。

任务 1.1　文创产品设计认知

学习文创（文化创意）产品设计理论的目标是通过获取知识、培养能力和塑造素质，提升设计者在文化创意领域的水平。其包括掌握相关知识、培养创新和创意表达能力，以及培养文化素养和审美情感。通过深入理解用户的认知方式和文化元素，设计者能够更好地创造出具有文化内涵和与用户认知契合的产品，从而达到更好的用户体验和情感共鸣。

微课：文创产品设计认知

1.1.1　文创产品设计的概念

文创产品设计是将文化与创意相结合，以创造具有独特文化内涵和商业价值的产品。它强调融入文化元素，并通过创新的方式表达和传递文化价值观念、传统文化、地域特色或个人创意。文创产品设计不仅关注产品的实用性和美学表达，还注重情感共鸣和文化传承，可以在市场中脱颖而出并引发观众、用户的共鸣和情感联系。其概念突出创意性、文化性和市场性的有机融合，旨在创造具有独特魅力和价值的产品。同时，文创产品设计也承担着推动文化创意产业发展和文化传播的重要使命。

文化创意产品可以涵盖多个领域，如设计、艺术、手工艺、音乐、影视等。它们可以是实物产品，如服饰、饰品、工艺品、家具等；也可以是数字产品，如数字艺术作品、虚拟现实体验、文化主题的游戏等。这些产品不仅具有实用性，还通过艺术性和创新性，传达特定文化的价值观念和情感体验。

文化创意产品的设计过程通常需要深入研究和理解特定文化的历史、符号、传统，以及目标用户的需求和认知。设计师需要将文化元素与创意相结合，以创造出与用户情感共鸣的产品。这些产品可以在市场上得到推广和销售，同时，也有助于保护和传承文化遗产，并可以促进文化的多样性和交流。总体来说，文化创意产品是以文化为基础，通过创意性和艺术性表达的产品。它们通过设计和创新，传达特定文化的价值观念和情感，为用户提供独特的体验和认同。

1.1.2　文创产品与文化创意产业的发展现状

文创产品与文化创意产业的发展现状呈现蓬勃发展的趋势。随着人们对文化体验和创意表达的需求增加，文创产品在市场中受到越来越多的关注和追捧。

文化创意产业的范围广泛，涵盖了艺术、设计、文化遗产、传媒、游戏、动漫、音乐等多个领域。这个产业链的不断发展和壮大为文创产品提供了广阔的市场空间。在全球范围内，许多国家和地区都将文化创意产业视为经济增长的重要引擎。政府和企业纷纷加大对文创产业的支持与投资，推动文化创意企业的发展。同时，数字技术的快速发展也为文创产品的创新和推广提供了新的机遇。

在市场上，文创产品以其独特的文化内涵、创意设计和艺术表达吸引着消费者。从文创衍生品、艺术品、手工艺品到设计师家居用品，文创产品呈现多样化的形态和风格，满足了人们对个性化、独特性和情感共鸣的需求。

文创产品也在文化传播方面发挥着重要的作用。通过将文化元素融入产品设计中，文创产品成为传递文化价值观念和传统文化的媒介，推动了文化的传承和传播。然而，文创产品与文化创意产业的发展也面临着一些挑战。例如，如何平衡商业性和创意性的关系，如何保护知识产权和文化遗产的合理利用，以及如何提升设计师的创作能力和市场竞争力等问题都需要进一步地探讨和解决。

总体来说，文创产品与文化创意产业的发展正处于快速成长阶段，为人们提供了更加丰富多样的文化体验和创意表达方式，同时，也为经济增长和文化传播做出了积极贡献。

1.1.3 文创产品的基本属性

1. 文化性

文创产品以文化元素为核心，融入了文化价值观念、传统文化、地域特色或个人创意。它们通过艺术、设计和创意表达，传递和展示特定的文化内涵。如图1-1所示为故宫博物院的文创产品，以龙凤和吉祥元素为主题，产品有《龙凤百吉餐具》《龙凤金禧艺术书签》《杯垫》《福禄绵长红包》，不仅传递了中国的婚礼文化，而且还带来龙凤呈祥、琴瑟和鸣、吉祥如意的祝福。

微课：传统文化与文创产品

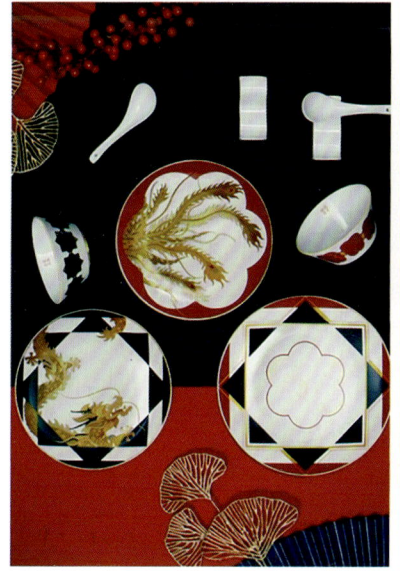

图1-1 传递婚礼文化的故宫文创产品

2. 创意性

文创产品强调创新性和独特性，具有独特的设计理念和创作风格。它们在形式、功能和表达方式上与传统产品有所区别，通过创造性的思维和表达方式，呈现出新颖的视觉效果和体验。如图1-2所示是青禾纪推出的一款《古代朋友圈》创意日历，用现代趣味朋友圈的页面设计，搭配古人的头像设定，用古人的口吻，模拟朋友圈的形式进行吐槽，还原有趣的古代日常，也使古人的亲切形象鲜活起来。将文人故事穿插其中，实现历史和现代的碰撞。

图1-2 《古代朋友圈》创意日历

3. 实用性

文创产品追求实用性和功能性，不仅是艺术品或观赏品，还具有一定的实用功能。无论是衍生品、家居用品还是工艺品，它们都满足了人们日常生活和消费需求。如图1-3所示的文创产品的载体都是生活中的各类用品，既具有实用性，又增加了人们的购买欲，使用户在日常生活中受益。

图1-3 实用性文创产品

4. 市场性

文创产品不仅具有文化和艺术性质，还具有商业价值。它们在市场上具有一定的销售性和交易性，能够吸引消费者的关注和激发购买欲望，如图1-4所示。

图1-4 竞秀文创集市

5. 情感共鸣

文创产品通过融入文化元素和创意表达，引发观众、用户的情感共鸣。它们能够触动人们的情感，引起共鸣和思考，产生情感上的联系和认同。如图1-5所示，苏州博物馆举办"衡山仰止——吴门画派之文徵明特展"时，有一件文创产品堪称经典，就是"文衡山先生手植藤种子"，该产品选取了苏州博物馆内文徵明亲手种植的古藤的种子，表达了传承文脉的寓意。还有一些以紫藤为灵感的文创产品，如手工皂、戒指、手绘紫藤图案的茶具、紫藤书签等，都使人感受到苏州满满的人文气息。

图1-5 苏州博物馆的紫藤系列文创产品

6. 文化传承

文创产品承载着文化传承的使命，通过创作和设计，传递和弘扬文化价值观念、传统文化和地域特色。它们在推动文化传播和保护文化遗产方面发挥着重要的作用。如图1-6所示，有古建筑天花纹样、古建筑的立体便签，还有1∶1还原的角楼榫卯营造积木，重现经典古建，传承营造智慧，体会匠人精神。

（1）博物馆展览文创主要以博物馆馆藏文物、藏品等主题为主要研发对象。如图1-11所示为故宫博物院部分文创产品，如结合馆藏文物颜色和花纹的故宫口红、印有馆藏名画的明信片、质量上乘的《百宝嵌收纳柜》和《百宝箱》文物复刻品等，品类丰富。

微课：展览文创产品的开发形式

图1-11　故宫博物院部分文创产品

（2）艺术展展览文创主要以现当代艺术理念、作品等为主要研发对象。如图1-12所示为《百年无极—西方现当代艺术大师作品展》部分展览文创，主要以展览中的画作为灵感来源，结合常用的生活用品、画作、卡片、文具、服饰等载体。

图1-12　《百年无极—西方现当代艺术大师作品展》部分展览文创

3．博物馆与展览文创的作用和价值

（1）拓展博物馆和展览的观众群体。通过创新的文创产品和体验，吸引更多不同年龄、背景和兴趣的观众，扩大博物馆和展览的受众群体。

（2）提升观众的参与感和互动性。文创产品可以激发观众的好奇心和参与度，通过互动元素和创意设计，使观众成为展览的参与者和体验者，增加展览的吸引力和教育性。

（3）丰富展览内容和故事叙述。通过文创产品，展览可以更加生动、有趣和多样化的方式呈现内容，通过视觉、声音、触觉等多种感官刺激，帮助观众更好地理解和感受展览的主题与故事。

（4）增加博物馆和展览的商业价值。文创产品可以作为博物馆和展览的衍生品，通过销售文创产品等方式，增加博物馆和展览的商业价值，为其带来收入和可持续发展的支持。

博物馆与展览文创的发展需要设计师具备对文化和艺术的理解及感知能力，同时，需要关注观众需求和体验，以创造出具有吸引力和创新性的文创产品。此外，与博物馆和展览相关的合作伙伴（如艺术家、文化机构、科技公司等）之间的跨界合作也是推动博物馆与展览文创发展的重要因素。

1.2.2 旅游文创产品

旅游文创产品是指以旅游为主题或灵感来源的创意产品。这些产品结合了旅游目的地的文化、历史、风俗和景观等元素，通过独特的设计和创意表达，为游客提供旅行纪念品、礼品和装饰品等。

旅游文创产品的设计理念是将旅游目的地的独特魅力和文化特色融入产品中，使游客在旅行结束后能够带回一份具有纪念意义的物品，同时，也可以激发游客对目的地的回忆和情感共鸣。这些产品的种类非常多样化，不仅为游客提供了购买纪念品的机会，也成为旅游目的地推广文化、提升品牌形象和增加旅游收入的重要途径。同时，它们也为人们在日常生活中展示和分享旅行经历提供了渠道。

微课：旅游文创

旅游文创产品在旅游产业、旅游产品和旅游品牌三个方面都具有重要的意义。

（1）旅游产业：旅游文创产品为旅游产业带来了增值和差异化竞争的机会。通过将地方文化、历史、景观等元素融入产品设计中，旅游目的地可以打造具有独特魅力和文化特色的纪念品、手工艺品和设计家居用品等。这不仅提升了游客的游览体验，还刺激了旅游消费，促进了旅游产业的发展。

（2）旅游产品：旅游文创产品为旅游产品提供了丰富的选择和增值服务。游客可以通过购买旅游文创产品，将旅行的回忆和体验延伸到日常生活中。这些产品不仅具有实用价值，还承载了旅行的情感和记忆，成为游客与旅游目的地之间联系的纽带。

（3）旅游品牌：旅游文创产品为旅游目的地打造品牌形象和塑造品牌认知起到了重要的作用。通过设计独特、符合品牌风格的文创产品，旅游目的地可以在游客心中建立起与特定文化、风格和体验相关的品牌形象。这有助于提升目的地的知名度和吸引力，吸引更多的游客前来旅游，并为目的地的可持续发展提供支持。

旅游文创产品在旅游产业、旅游产品和旅游品牌方面的作用是多方面的。它们不仅丰富了旅游消费品的选择，提升了旅游体验，还为旅游目的地带来了经济效益和品牌价值，推动了旅游产业的发展和旅游目的地的可持续发展。如图1-13所示，《西湖礼物》将西泠印社第一任社长吴昌硕大师的"喜神""财神"两枚印章镌刻在西湖水之潭身，文化底蕴和城市特征完美结合，礼盒内装有龙井、藕粉、丝绸、西湖水相映成趣，将杭州人文、地理、美食、美景浓集一身，是游客很喜欢的伴手礼之一。浙江博物馆推出的《西湖十景冰箱贴》，将馆藏名画《断桥残雪》《三潭印月》《雷峰夕照》《花港观鱼》《平湖秋月》等巧妙融合在卷轴和邮票形式中，将宋代文人画的恬静雅致展现于方寸之间。西泠印社推出的《西湖十景非遗古墨》，传承了古法制墨非遗技艺；还有《书怀》印章印泥套件，印章提供篆刻定制服务，满足了广大游客的需求。西湖十景小夜灯也非常受游客欢迎。

图 1-13　杭州旅游文创产品

1.2.3　红色文创产品

红色文创产品是以中国共产党和中国革命历史为主题或灵感来源的创意产品。它们融合了红色文化元素，通过设计和创意表达，展示了中国共产党的历史、革命精神和社会主义理念。

红色文创产品旨在传承和弘扬中国革命的历史与精神，激发人们的爱国情怀和民族自豪感。这些产品载体的形式多种多样，常见的有以下几种

（1）纪念品：如纪念章、徽章、纪念币、纪念邮票等，上面印有中国共产党的标志、党旗、领导人形象或革命标语。

（2）图书和出版物：如纪实性的革命历史书籍、漫画书、红色经典著作等，通过文字和图像展现中国共产党的发展与革命历程。

（3）艺术品和手工艺品：如红色书画、雕塑、刺绣、陶瓷等，以中国共产党的领导人、红军战士和革命场景为主题，展示了中国革命的艺术表达。

（4）设计家居用品：如红色主题的家居装饰、毛主席像章、红军帽子等，

微课：红色文创

以红色元素为设计灵感，融入日常生活中。

（5）影视衍生品：电影、电视剧等衍生的周边产品，如 T 恤、海报、手办等，使影视作品的粉丝能够表达对革命历史和主题的喜爱。

红色文创产品通过设计和创意，将中国共产党的历史和革命精神与现代生活相结合，通过商品化的形式传递相关的价值观和理念。它们不仅具有文化传承的作用，也成为中国革命历史的纪念品和收藏品，吸引了国内外游客和收藏家的关注。

红色文创产品通过创意设计和文化表达，以中国共产党和中国革命历史为主题，传承和弘扬红色文化，激发人们的爱国情怀和社会主义意识。这些产品不仅具有纪念意义，也成为中国文化和历史的重要组成部分，如图 1-14 所示。

图 1-14　红色文创产品

1.2.4　主题文创产品

主题文创产品是以特定主题或概念为创意来源的产品，通过独特的设计和创意表达特定主题的文化内涵与情感价值。它们以主题为灵感核心，通过创新的方式将主题元素融入产品，满足消费者对于特定主题的情感需求和个性追求。主题文创产品强调文化表达和情感共鸣，不仅是商品，更是一种文化的传递和与消费者情感联系的载体。它们丰富了文化创意产业和消费市场，为消费者提供了与特定主题相关的独特购物体验和文化消费选择。

微课：主题文创

主题文创产品可以根据不同的类别和活动进行分类。以下是几个常见的主题类别。

（1）节日纪念类：在传统节日或纪念日时推出的文创产品，如春节、劳动节、国庆节等。这些产品通常以特定节日的符号、传统文化元素或相关主题为设计灵感，如节日装饰品、礼品套装、贺卡等（图 1-15）。

图 1-15　清华大学 110 周年校庆文创产品

(2) 体育赛事类：针对重要的体育赛事或运动盛会推出的文创产品，如奥运会、世界杯等。这些产品通常以体育项目、比赛队伍、运动精神等为主题，如纪念章、纪念币、球队球衣、纪念品等（图 1-16）。

图 1-16　第 24 届冬奥会文创产品

(3) 商务主题类：与商务活动、会议或企业品牌相关的文创产品。这些产品通常以企业标志、企业文化、商务场景等为设计灵感，如定制礼品、企业文化纪念品、办公用品等，用于企业推广、品牌建设或商务礼品赠送。

(4) 市集活动类：在文化市集、创意市集或艺术展览等活动中推出的文创产品。这些产品多样化，可以是艺术品、手工艺品、设计家居用品等，以艺术表达和独特设计吸引人们关注与购买，如图 1-17 所示。

图1-17 "不止艺术计划"创意集市

这些不同类别的主题文创产品都有一个共同点，即通过特定的主题和设计元素，与消费者建立情感共鸣，并为他们提供与特定主题相关的商品选择。这种个性化和情感化的消费体验使主题文创产品在市场中具有一定的独特性和吸引力。无论是节日纪念类、体育赛事类、商务主题类，还是市集活动类的主题文创产品，它们都通过创意设计和文化表达，为消费者提供特定商品，并丰富了文化消费品的多样性。

1.2.5 文娱 IP 衍生文创产品

文娱 IP 衍生文创产品是以影视、动漫、小说、游戏等文娱作品的知识产权（Intellectual Property，IP）为基础，通过创意设计和创新产品开发，将原作中的角色、故事、符号等元素衍生的创意产品。它们旨在满足粉丝对于喜爱作品的情感需求，扩展作品的影响力和商业价值。

文娱 IP 衍生文创产品的特点如下。

（1）基于知名作品：这些文创产品源自具有知名度和影响力的文娱作品，如电影、电视剧、动漫、小说、游戏等。它们利用原作中的角色、故事情节、图案、标识等元素，与原作建立联系，引发粉丝的情感认同和追捧。

（2）创意设计：文娱 IP 衍生文创产品通过独特的设计和创意，将原作中的元素与产品的形式结合，在外观、功能、材质等方面展现创意。这些产品包括但不限于周边商品、服装、玩具、手办、文具、家居用品等，通过设计呈现原作的魅力和特色。

（3）粉丝情感联系：文娱 IP 衍生文创产品通过与粉丝喜爱的相关作品，与粉丝建立情感联系。这些产品满足粉丝对原作的热爱和追求，使他们可以通过收集、使用、展示这些产品表达对作品的支持和喜爱。

（4）商业价值：文娱 IP 衍生文创产品不仅满足消费者的需求，也具备良好的商业运作潜力。凭借知名 IP 的影响力和广泛的受众群体，这些产品在市场上具备较高的品牌价值和销售潜力，可以成为 IP 持有者的重要商业收入来源。

文娱 IP 衍生文创产品满足了粉丝的情感需求，丰富了文化消费品的多样性，创造了商业机会，同时，也推动了原作的影响力和品牌价值的提升（图1-18）。

微课：文娱文创

图 1-18　上海美术电影制片厂出品《大闹天宫》孙悟空 IP 文创

任务思考与实训

1. 通过案例分析，小组讨论展览阐释的意义及与文创产品的关系。
2. 熟悉文创产品设计的常见分类，通过案例分析并了解文创产品的常用载体。

项目评价

根据自己的学习情况完成下面的表格，依照自己的掌握情况填涂○，以便后面查漏补缺。

学习情况自我审查一览表

	学习目标	我的理解程度（要领概括）	掌握情况
知识目标	学习文创产品设计理论，了解文创产品设计的定义、原则、方法和基本分类		○○○○○
能力目标	培养分析和评估文创产品设计的能力，分析文化元素的适用性和表达方式		○○○○○
素质目标	培养创新思维和跨文化理解的素质，培养观察力和敏感度，以及培养团队合作和沟通能力		○○○○○
学习收获与心得			
学习难点与解决方案			
学习自我评价			
教师评价			

项目 2　如何学习文创产品设计

项目导读

在学习文创产品设计时找到科学的学习方法非常重要，可以提高学习效率。不同的人有不同的学习方式和喜好，找到适合自己的方法可以更快地吸收和理解所学的内容。通过前面的学习，我们对文创产品设计的基本理论知识已经有所认识。在本项目中，主要讲的是文创产品设计的常用学习方法。从鉴赏方法、市场调研方法、常用工具和技法、工作流程等方面由浅入深地介绍学习文创产品设计的基本方法和所需技能。

通过设定学习目标，可以使学习者有一个清晰的学习方向，并逐步提升自己的知识水平、技术能力和综合素质。在学习过程中，可以分阶段设定更具体的目标，并不断评估和调整自己的进展。持续学习和实践是提升自身能力的关键。

学习目标

1. 知识目标

（1）了解各种文创领域的经典案例和成功实践，学习其中的设计思路和创新方法。

（2）了解市场调研和用户分析的方法。

（3）掌握文创产品的设计原则和流程。

2. 能力目标

（1）能够对文创产品进行全面深入的鉴赏。

（2）通过市场调研和用户分析，可以写出准确的分析报告。

（3）能够掌握基本的手绘技巧，了解软件的基础操作。

3. 素质目标

（1）培养对美的敏感性和审美品位，以便能够创作出具有艺术价值和商业吸引力的文创产品。

（2）培养良好的沟通能力和团队合作精神，以便能够与其他专业人员合作，共同推动项目的成功。

（3）培养创造力和创新思维，以便能够提供独特的设计解决方案。

任务 2.1　文创产品设计的鉴赏方法

鉴赏学习对文创产品设计至关重要，接触与学习其他优秀的设计作品，设计师可以开阔眼界，提高对设计原则和美学的理解，从而创作出更具有吸引力和独特性的作品。激发设计灵感和创造力，丰富自己的设计思维。通过观察和研究他人的设计作品，设计师可以学习到不同的设计技巧和方法，提升自己的设计水平。

通过鉴赏学习，设计师可以了解到行业内的设计趋势和创新方向，从而在自己的设计作品中融入新的元素和风格，提升作品的质量和独特性。对于消费者来说，鉴赏学习可以帮助他们更好地理解和欣赏文创产品的设计价值与创意特点，提高对产品的辨识度和欣赏程度，从而做出更明智的购买决策。

在本节内容中，详细介绍了文创产品设计的美学与设计原则、创意与设计技巧，为文创产品设计和鉴赏打下坚实的理论基础。

2.1.1　文创产品设计的美学与设计原则

文创产品设计的美学与设计原则对于创作出有吸引力和独特性的产品非常重要。下面这五点是常用的美学与设计原则，对于文创产品设计师和相关从业人员有很好的指导作用。

1. 以需求引领创新的原则

在文创产品设计中，以需求引领创新是一项关键原则，它强调根据用户的真实需求和体验来驱动创新与设计过程。以下是以需求引领创新的几个要点：

（1）用户调研与洞察：通过进行深入的用户调研与洞察，了解他们的需求、偏好、行为和痛点。这可以通过用户访谈、观察、问卷调查等方法来收集用户反馈和见解。

（2）以用户为中心的设计：将用户体验置于设计的核心，着眼于解决用户的问题和提供更好的体验。从用户的角度思考，考虑产品在使用过程中的便利性、功能性和情感联系。

（3）用户参与共创：与用户进行互动和合作，通过用户反馈、洞察和共创的方式，引导创新设计的方向，确保产品与用户需求紧密契合。

（4）持续用户反馈和迭代：建立用户反馈的渠道，不断收集用户的意见和建议，以便及时调整和改进产品设计，保持与用户需求的一致性。

（5）多领域融合创新：将不同领域的文化元素、艺术形式、科技创新等融合到产品设计中，以满足用户对多样化、跨界化的需求。

如图 2-1 所示，故宫博物院的文创产品种类齐全、制作精美，能满足各年龄和各层次消费者需求，除日常用品外，还有印着吉祥图案的口罩，在特殊节日增加一份喜庆。

微课：文创产品设计原则

图 2-1　故宫博物院部分满足不同需求的文创产品

以需求引领创新的原则能够帮助设计师和创意团队更好地理解用户需求，提供有针对性的解决方案，并创造出更具市场竞争力和用户价值的文创产品。这种方法能够减小失败风险，提高产品的成功率和用户的满意度。

2. 地域文化融合与传承的原则

在文创产品设计中，地域文化融合与传承是一项重要原则，旨在将当地的传统文化元素与现代设计相融合，以保护和传承地方文化遗产，同时创造出具有独特魅力和创新性的产品。以下是地域文化融合与传承的一些要点：

（1）深入研究与尊重：深入研究目标地域的文化背景、历史故事、传统技艺等，尊重和理解当地的文化价值与特点。

（2）地域元素融合：将特定地域的符号、象征、图案、色彩等元素融入产品设计中，以突出地域文化的特色，并营造出具有地域认同感的视觉和情感体验。

（3）创新与现代化：保持对创新的开放态度，将传统文化元素与现代设计语言相结合，创造出具有现代感和时尚感的产品。在融合地域文化的同时，保持平衡，既要充分传承和保护传统文化，又要注入新的想法和创新，使产品更具现代生活的需求和潮流。

（4）地域故事与情感共鸣：通过讲述地域故事、传说或历史，唤起用户的情感共鸣，使用户更深入地了解、认同和关注特定地域的文化传统。

（5）地域参与与互动：与当地工艺师傅、艺术家等密切合作，共同参与产品设计和制作过程，促进地域文化的传承和发展。

（6）教育与推广：通过产品本身和相关教育推广活动，向公众传播地域文化的知识和价值，增强人们对地方文化的认同和保护意识。

如图 2-2 所示的三款文创产品，彰显着不同的地域风格。陕西历史博物馆的《大唐花舞》团扇尽显唐朝的雍容华贵；敦煌博物馆的《飞天》鼠标垫充满了异域风情；苏州博物馆的《苏博园林》木刻冰箱贴流露出江南园林的秀美。

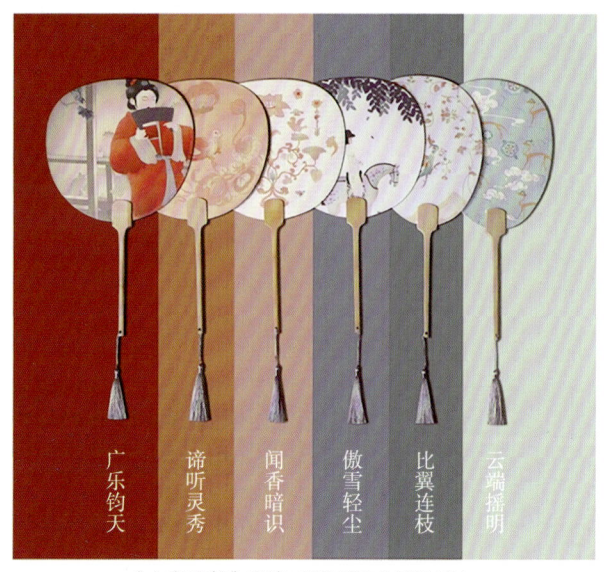

《大唐花舞》团扇（陕西历史博物馆）　　《飞天》鼠标垫（敦煌博物馆）

《苏博园林》木刻冰箱贴（苏州博物馆）

图 2-2　文创产品

地域文化融合与传承的原则能够使文创产品成为地方文化的有力代表，同时为当地经济、社区和文化的发展做出贡献。这种设计方法能够使人们更好地了解和欣赏地域文化，同时，创造出具有商业潜力的创新产品。

3．美学与功能结合的原则

在文创产品设计中，美学与功能相结合是一个重要的原则，旨在确保产品不仅具有视觉上的吸引力，还能够满足用户的实际需求和使用功能。以下是关于美学与功能相结合原则的一些方面：

（1）美与实用并重：在产品设计中，注重美学的体验和产品功能的实用性，使美学元素与功能性相互融合，提供优质的使用体验。

（2）形式与功能的统一：通过精心设计的外观形式与产品的功能性密切结合，使产品的外观不仅美观，还能满足用户的实际需求。

（3）材料与设计的契合：选择适合的材料与设计风格相匹配，使产品的材质质感与整体美学相一致，增强产品的视觉和触感享受。

（4）创新与美学的融合：在产品设计中追求创新性的理念和美学的表现方式，以独特的美感引领市场，并提供与众不同的用户体验。

如图 2-3 所示为国家图书馆《节节高升》艾草锤。艾草锤包布印花及竹叶挂绳造型取自国家图书馆馆藏《十竹斋笺谱》。竹子有长寿之意，取竹之形象，赠予美好祝福；青绿包布，寓意延年益寿，草本锤芯，优质艾绒，放松身心。

微课：文创产品设计的载体

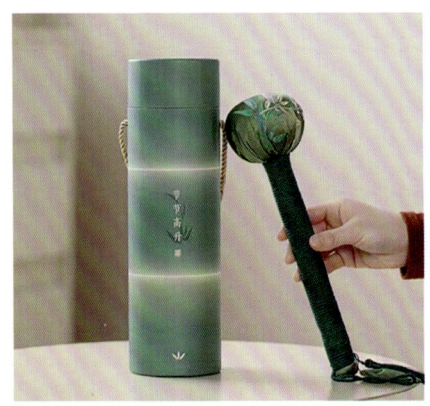

图 2-3　国家图书馆《节节高升》艾草锤和馆藏《十竹斋笺谱》

4. 坚持系统的整体性原则

在文创产品设计中,坚持系统的整体性原则是指将产品设计视为一个连贯的系统,注重各个组成部分之间的协调和相互影响。

(1)统一的设计语言:确保产品各个方面的设计元素,如色彩、形状、图案、排版等,具有一致的风格和视觉效果,以营造整体协调的美感。

(2)综合考虑各个环节:在产品设计过程中,综合考虑生产、材料、制造工艺、市场需求等多个环节,以确保整体设计的可行性和可持续性。

(3)融合多重要素:将文化、艺术、科技等多个要素融合到产品设计中,以创造独特而有价值的文创产品,展现多元化和丰富性的特点。

(4)用户体验的一体化:将用户体验作为设计过程的核心,注重用户在整个产品使用过程中的感受和互动,以提供一致而愉悦的用户体验。

整体性原则强调在文创产品设计中,将各个元素和环节视为相互关联与相互影响的部分,通过整体的设计思考和决策,创造出具有内在一致性和高度完整性的产品。

例如,图 2-4 所示为以"老虎枕"为主题的系列文创产品,设计师将老虎枕的元素和造型进行了提取、重构,应用在不同种类的文创产品上,如帽子、背包、布鞋、车载香薰等,产生了系统化的视觉效果。

图 2-4　"老虎枕"主题系列文创产品

5．可持续设计的原则

在文创产品设计中，可持续设计原则旨在将环境影响、社会责任和经济可行性纳入考虑，以创造具有长期可持续性的产品。以下是关于可持续设计原则的几个方面：

（1）环境友好：采用环保材料和生产工艺，降低对自然资源的消耗和环境影响。例如，选择可回收、可再利用或可降解的材料，减少能源消耗和废弃物产生。

（2）循环经济：设计产品以促进循环经济，通过延长产品寿命、修复和再利用来减少资源浪费。例如，设计可拆卸、易维修或升级的部件，使产品能够持久使用。

（3）社会责任：考虑产品对社会和用户的影响，确保产品生产过程符合相关法律法规。

（4）节约能源：设计产品时考虑节约能源的方式，如优化能源效率、使用节能器件或采用可再生能源。减少产品在使用过程中的能源消耗，降低对环境的负荷。

（5）用户参与：鼓励用户参与和投入产品的生命周期中。提供用户手册、维修指南或社区支持，使用户能够正确使用、维护和延长产品寿命。

如图2-5所示，《水墨姑苏》砚台蜡烛香薰，以墨的形式制成香薰蜡块，溶于素砚之中，墨香飘散，蜡块凝固后可重复使用，素砚既可以作为扩香器，也可以乘墨润笔。《文藤》手工皂，皂体内包含着文徵明亲手种植的紫藤种子；《生肖龙》鲁班锁，木质零件，手感温润、无漆环保，在拼装中体会榫卯结构的智慧；《花语江南》香氛纸花，以纸为材质，可以随意裁剪造型。

图2-5　《水墨姑苏》砚台蜡烛香薰、《文藤》手工皂、《生肖龙》鲁班锁、《花语江南》香氛纸花

通过遵循可持续设计原则，文创产品可以减少对环境的负面影响，提高产品的长期价值和可持续性。这种设计方法不仅符合社会和环境的期望，也有助于企业实现可持续发展和市场竞争优势。

2.1.2 文创产品设计的创意与设计技巧

文创产品设计的创意与设计技巧是实现独特和吸引人的设计的关键。以下是一些常用的创意和设计技巧,可用于激发灵感和提升设计效果。

1. 文化元素的提取与转化

文化元素的提取与转化在文创产品设计中至关重要。通过提取和转化传统文化元素,设计师可以赋予产品独特性、传递文化价值、激发情感共鸣、促进文化交流与认知,同时增加产品的附加值。这不仅使产品在市场竞争中脱颖而出,还为用户带来深入的文化体验和情感联系,推动文化传承与创新的发展。

(1)图纹的直接转化:将文化元素中的图案、纹饰等直接应用于设计中,保留其原始形态和意义。通过将图纹元素运用于产品、艺术品、建筑等设计中,传递文化的符号和视觉语言。如图 2-6 所示为故宫博物院织绣纹样国风贺卡,从故宫博物院馆藏织绣文物中精选 12 件,设计成贺卡,取织绣文物的装饰图案,展现中国传统织绣艺术之美。

微课:文创产品的文化与创意

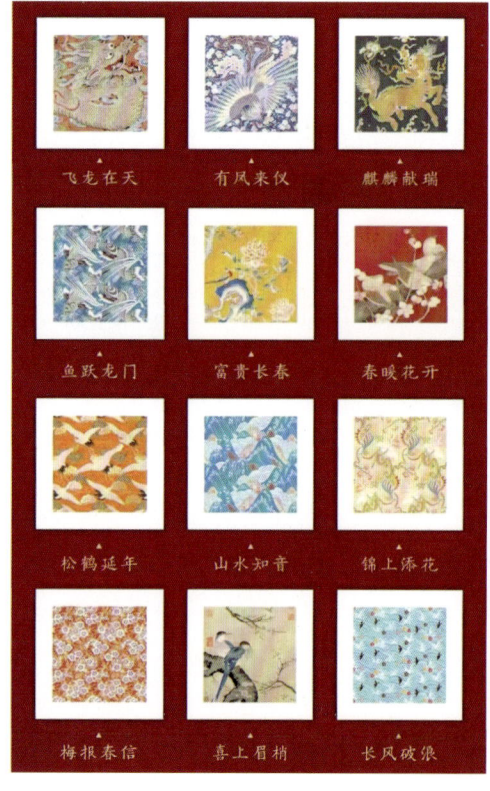

图 2-6 故宫博物院织绣纹样国风贺卡

(2)图纹的间接转化:通过对文化元素进行解构、抽象或重新组合,将其转化为图形、文字等形式进行设计。通过巧妙组合和表达,传递出文化元素所承载的情感和思想。如图 2-7 所示,创意来源于甘肃博物馆馆藏文物铜奔马,通过抽象形象的转化,产生 Q 版的马 IP 形象,提升了产品的亲和力。

（3）内涵意象的转化：将文化元素中蕴含的深层意义和象征转化为设计中的表达方式。通过符号、隐喻、象征等手法，将文化元素与设计的主题、情感进行关联，使观者在感知设计的同时，也能感受到文化内涵的传递。如图 2-8 所示为国家图书馆的文创产品《花开月圆》中式新婚礼盒套装，灵感来源于国家图书馆馆藏《仪礼·士昏礼》《礼记》《奁史》等古籍，记录了传统婚仪习俗，为此文创产品的重要参考，古代婚礼又称"昏礼"，于黄昏时举办，包含新妇转席、却扇之礼、同牢共食、合卺而饮等环节，承载着华夏民族的礼俗文化和真挚情谊。芍药花图案选自《芥子园画传》，自古被誉为"爱情之花"，象征情有所钟的爱。花盛开，月圆满，传递了愿佳偶永结良缘、恩爱百年的美好祝福。

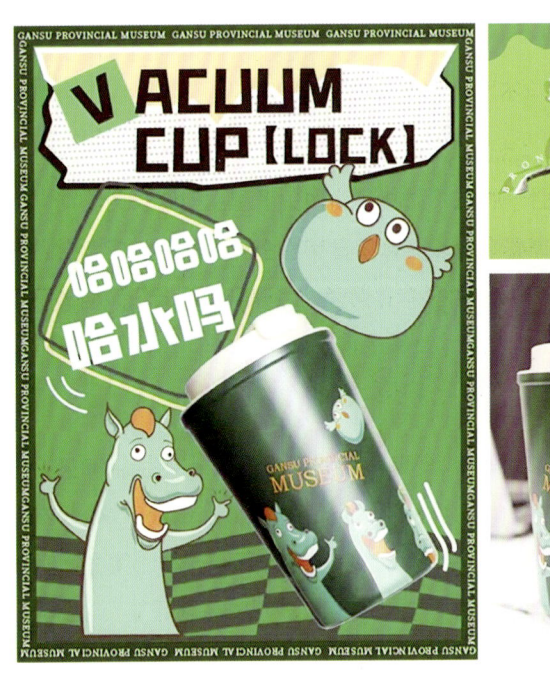

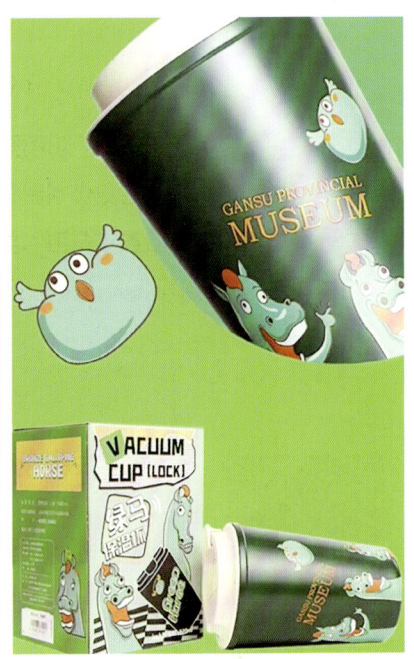

图 2-7 甘肃博物馆绿马保温杯

图 2-8 国家图书馆《花开月圆》中式新婚礼盒套装

（4）工艺与材料的转化：利用传统工艺技法和材料，将文化元素融到设计中。通过传统工艺的精湛技艺和独特韵味，传达文化的独特魅力和历史传承。如图2-9所示为故宫博物院花罗工艺《千里江山图》真丝长巾。长巾画面设计以《千里江山图》为蓝本。由设计师在原有作品基础上，根据现代人的审美提取局部进行设计，围巾构图于疏密中讲求变化气势连贯，充分表现了自然山水的秀丽壮美。长巾甄选几近失传的"花罗"工艺，面料轻盈舒适、透气柔软，其提花纹样的设计源于故宫博物院馆藏清代缠枝牡丹纹花罗文物。工匠与设计师共同传承着传统工艺与传统文化，为人们展现着传承千年的美。

图 2-9 故宫博物院花罗工艺《千里江山图》真丝长巾

通过以上四个方面的提取与转化，设计师可以将文化元素融入其中，展现出独特的情感传递和设计价值。

2．文化故事的融入与传达

在文创产品设计中，融入和传达文化故事起着重要的作用。通过选择具有代表性和吸引力的文化故事，并运用合适的叙事手法和视觉元素，设计师能够将这些故事巧妙地融入产品中。通过多媒体结合和用户参与，用户能够更深度地理解和体验文化故事。同时，传达文化价值观念能够激发情感共鸣，促进文化传承和跨文化交流。这样的设计能够吸引用户并提供有意义的文化体验，使文创产品更具有独特性和价值性。

在文创产品设计中，融入和传达文化故事是非常重要的，以下是常用的设计思路和方法：

（1）故事选择：选择具有代表性和有趣的文化故事，并确保其与产品主题和目标受众相契合。这些故事可以来自传统神话、历史故事、民间传说等，具有丰富的文化内涵和情感共鸣。

（2）叙事手法：运用适当的叙事手法将文化故事融入产品设计中。这可以通过插图、动画、文字叙述等多种形式进行呈现。叙事要有逻辑和流程，并引发用户的兴趣和参与。

（3）图像与视觉元素：使用视觉元素来呈现文化故事，如插图、绘画、图形等。这些图像要能够传达故事的情节和情感，同时，具有独特的艺术风格和文化特色。

（4）多媒体结合：利用多媒体技术将文化故事与产品设计相结合，如音频、视频等。音乐、声效等可以增强叙事氛围，增强用户的沉浸感和情感共鸣。

（5）用户参与：设计产品时应考虑用户的参与和互动，使用户成为故事的一部分。例如，设计互动游戏、解谜等形式，使用户通过参与来探索和理解文化故事。

（6）文化价值传达：在故事中传达文化价值观念，如道德准则、传统习俗、社会价值等。通过故事的赋予，传达文化的智慧和深层的含义。

通过融入和传达文化故事，文创产品设计能够激发用户的情感共鸣，增加产品的吸引力和独特性。同时，传达文化的价值观念，促进文化传承和跨文化交流，为用户带来更加深入和有意义的体验。

2.1.3　文创产品的信息收集与鉴赏技巧

1．文创产品的信息收集

通过网络或实地调查、书籍查询等方法，收集文创产品的相关信息，了解、分析并梳理出文创产品的鉴赏体系。下面是常用的一些信息收集的途径：

（1）资讯平台：定期关注文化创意产业的专业资讯平台、行业媒体、博客、微信公众号等，获取最新的文创产品设计案例、行业动态、市场趋势等信息。

（2）博物馆展览：参观博物馆的文创产品展览，通过实地观摩和体验，了解各种文创产品的设计理念、制作工艺、与文化相关的内涵等信息。

（3）研究报告：阅读相关的研究报告、学术论文和行业分析，了解文创产品设计的发展趋势、市场需求、消费者行为等方面的信息。

（4）社交媒体：关注设计师、文创机构、博物馆等在社交媒体上的活动和发布的信息，了解其最新设计作品、设计思路和行业见解。

（5）专业展会：参加文化创意产业的专业展会或设计展览，现场了解各种文创产品的设计特点、新技术应用、市场反馈等信息。

（6）实地调研：通过走访设计工作室、文创企业、博物馆等，与从业者交流，了解他们的设计经验、市场策略、产品创新等方面的信息。

综合利用以上信息收集的方法，可以帮助全面了解文创产品设计的前沿动态、市场需求和创新趋势，为学习和实践提供丰富的信息资源。

2．文创产品的鉴赏技巧

当鉴赏分析一个喜欢的国内博物馆文创产品设计案例时，可以按照以下步骤进行案例分析：

（1）产品背景：介绍该文创产品所属的博物馆、文化背景、历史内涵等，以及该产品所代表的主题或故事。

（2）设计理念：分析该文创产品的设计理念，包括设计师的初衷、文化元素的运用、艺术风格等，了解设计背后的文化内涵和审美意义。

（3）创意表现：探讨该文创产品在创意表现方面的特点，如是否融入了现代元素、运用了创新的设计手法、结合了传统文化等，从创意角度分析产品的独特之处。

（4）制作工艺：了解该文创产品的制作工艺和材料选择，包括工艺水平、制作技术、品质保证等方面的分析，从工艺角度评价产品的质量和精细程度。

（5）市场表现：研究该文创产品在市场上的表现，包括销售情况、受众群体、宣传推广方式等，了解产品在市场中的受欢迎程度和竞争优势。

（6）个人感受：分享个人对该文创产品的喜爱之处，以及产品带给自己的文化情感、审美享受等方面的感受和体会。

通过以上分析，可以深入了解并分析自己喜爱的文创产品，在这个过程中，也会逐渐掌握如何进行案例分析的方法和技巧。

> **任务思考与实训**
>
> 1. 小组收集案例，通过案例分析，讨论在文创产品设计中要遵循的美学与设计原则是如何应用的。
> 2. 举例说明文创产品设计中的设计技巧是怎么融入的？
> 3. 搜索一个自己喜欢的文创产品案例，写一个鉴赏报告，以 ppt 形式提交。

任务 2.2　文创产品的市场调研与用户分析

2.2.1　市场调研与 SWOT 分析

SWOT 分析法又称为态势分析法，意思分别为"优势（Strengths）、劣势（Weaknesses）、机会（Opportunities）、威胁（Threats）"。其中，SW 为内部因素，OT 为外部因素。SWOT 分析是由旧金山大学的管理学教授韦里克于 20 世纪 80 年代初提出的，就是将与研究对象密切相关的各种主要内部、外部因素，通过调查列举出来，并依照矩阵形式排列，然后综合分析，得出结论。

在文创产品设计中，SWOT 分析是一种常用的战略管理工具，用于评估产品的优势、劣势、机会和威胁。下面是在文创产品设计中进行 SWOT 分析的一些要点：

（1）优势（S）：评估文创产品设计的内部优势，如独特的创意、高品质的制作、良好的用户体验等。这些优势可以帮助产品在市场上脱颖而出，吸引消费者的注意力和忠诚度。

（2）劣势（W）：识别文创产品设计的内部劣势，如设计缺陷、制作成本过高、市场知名度不足等。了解这些劣势可以帮助设计师找到改进和提升的空间，以增强产品的竞争力。

（3）机会（O）：分析文创产品设计的外部机会，如市场趋势、消费者需求变化、新的市场渠道等。抓住这些机会可以帮助产品拓展市场份额，增加销售和影响力。

（4）威胁（T）：识别文创产品设计的外部威胁，如竞争对手、市场饱和、法规变化等。了解这些威胁可以帮助设计师制订应对策略，避免潜在风险对产品造成负面影响。

通过 SWOT 分析，设计师可以全面评估文创产品设计的内外部因素，并制订相应的策略和措施。例如，通过优势来强调产品的独特性和创新性，通过改进劣势来提升产品的品质和竞争力，通过抓住机会开拓新的市场，通过应对威胁来减少潜在风险。SWOT 分析可以帮助设计师在产品设计过程中做出明智的决策，以实现产品的成功和可持续发展。

以文创产品设计中最受欢迎的金属书签为例，来系统学习 SWOT 分析方法。通过 SWOT 分析，设计师可以更好地了解金属书签在市场中的优势和劣势，抓住机会，应对威胁，以实现文创产品的成功（表 2-1）。

表 2-1　金属书签 SWOT 分析表

内部	内部优势（S）		高品质的材料和制作工艺，使金属书签具有耐用性和长寿命。 独特的设计和创意，使金属书签成为书籍爱好者的收藏品
	内部劣势（W）		由于制作工艺和材料成本较高，金属书签的售价相对较高。 金属材料可能增加书签的质量，对于喜欢轻便书签的消费者可能不太理想。 存在其他类型的书签，如纸质或塑料书签，价格较低
外部	外部机会（O） 当代人对阅读和个性化礼品的兴趣不断增加，金属书签市场潜力巨大。 与作家、出版商或书店等合作，共同推广金属书签并扩大产品的市场份额。 利用电子商务平台和社交媒体进行在线销售和品牌推广，增加产品的市场覆盖	S—O 通过优势来利用机会的策略	强调高品质和耐用性，吸引追求高品质产品的消费者。 提供独特设计和个性化选项，满足消费者对个性化和独特性的需求。 创造限量版或特别版，强调金属书签的收藏价值，吸引收藏者和礼品购买者。 利用线上渠道和社交媒体，扩大品牌曝光度和市场渗透率
		W—O 利用机会来改进的策略	降低成本，提高价格竞争力。 减轻书签的质量，增加便携性。 提升设计创新性和吸引力。 拓展线上销售渠道，增加市场覆盖范围。 优化用户体验，确保功能和便捷性
	外部威胁（T） 纸质或塑料书签等竞争产品可能以低价格和轻便性吸引消费者。 经济不稳定或市场竞争加剧可能导致消费者减少对文创产品的购买力。 知名品牌推出类似高品质金属书签，竞争压力增加	S—T 利用优势来防止威胁的策略	强调高品质和耐用性，突出金属材料的优势。 提供独特设计和个性化选项，与其他品牌区别。 强调金属书签作为收藏品的价值和吸引力。 建立合作伙伴关系，与作家、出版商、书店等合作推广。 利用线上渠道和社交媒体，扩大销售渠道和品牌曝光度
		W—T 将存在的潜在威胁最小化的策略	提供高品质和耐用性，以抵抗低质量竞争对手。 打造差异化产品，以突出与其他品牌的差异。 建立合作伙伴关系，与作家、出版商等相关机构合作，扩大市场份额。 利用线上渠道和社交媒体，提高品牌曝光度和在线销售机会

2.2.2　用户分析与竞品分析

在文创产品设计中，用户分析和竞品分析是两个重要的方面。它们可以为产品设计提供宝贵的洞察和指导，确保产品在市场中具有吸引力和竞争力。

1. 用户分析

用户分析是指通过研究和了解目标用户的需求、偏好和行为，以及他们在使用文创产品时的体验和反馈，从而确定产品设计的方向和特点。这可以通过市场调研、用户访谈、用户调查和观察等方法来进行。用户分析帮助设计团队深入了解目标用户的需求和期望，从而针对性地设计出符合用户需求的产品。一般从下面三

图 2-11　文创产品草图绘制（续）

（1）纸上手绘工具：纸张、铅笔、橡皮、尺子、各类彩笔和颜料等，如图 2-12 所示。

图 2-12　纸上手绘草图部分工具

（2）数字手绘工具及对应的数字绘画软件：数绘板或数绘屏——Adobe Photoshop、SAI、Clip Studio Paint；平板——Procreate、Sketchbook、ArtRage，如图 2-13 所示。

图 2-13　数绘板、数绘屏、平板的绘画工具

手绘草图时，两种手绘方式可以根据设计者对工具的熟练程度和对软件的喜好程度，进行自由选择，两种都用或只用一种，方式灵活多样。其目的都是快速捕捉和可视化设计的想法与要求，将创意构思记录准确。

2. 提案草图的设计要求

设计灵感草图主要是用于捕捉初始灵感和创意的快速草图，不需要过于详细和精确，强调自由发挥和探索，用于个人思考和创意探索，而提案草图更注重传达设计概念给他人，需要更清晰、完整和可理解的呈现。

提案手绘草图要求能够清晰明了地传达设计概念和创意，准确比例，表现力强，简洁明了，色彩运用合适，注重细节处理和风格一致，可以传达设计意图和核心信息。

在提案草图中，通常需要包含以下要素，以有效地传达设计概念和创意：

（1）主题和核心元素：草图应该清晰地展示设计的主题和核心元素，以便观众能够立即理解设计意图，这可以是产品的主要形状、标志性特征或关键功能。

（2）整体布局和比例：草图应该展示产品的整体布局和比例关系，包括各个部分的位置和大小，这有助于观众理解产品的整体外观和空间占用。

（3）细节和特征：草图中应包含关键的细节和特征，以便观众了解设计的具体细节和功能，这可以是产品的按钮、接口、文本等重要元素。

（4）色彩和材质：草图可以使用色彩和材质来传达设计的感觉和氛围，这有助于观众对产品的外观和材质质感有更直观的理解。

（5）交互和动态效果：如果设计涉及交互或动态效果，草图可以尝试通过箭头、线条或简单的动画示意来表达，这有助于观众理解用户与产品的互动方式。

（6）标注和说明：草图中可以添加标注、箭头、文字说明等，以进一步解释设计细节、功能或特性，这有助于观众更好地理解设计思路。

（7）示意图和图标：在草图中使用简化的示意图和图标，可以更直观地表达某些概念和功能，而无须过多的细节。

（8）风格和表现方式：根据设计的需求和风格，草图应该采用相应的线条风格、阴影效果或其他表现方式，这有助于传达设计的整体风格和感觉。

以上要素并不是固定的，具体应包含哪些要素取决于设计项目和目标。根据需要进行调整和完善，以确保草图能够有效地传达出设计意图（图2-14）。

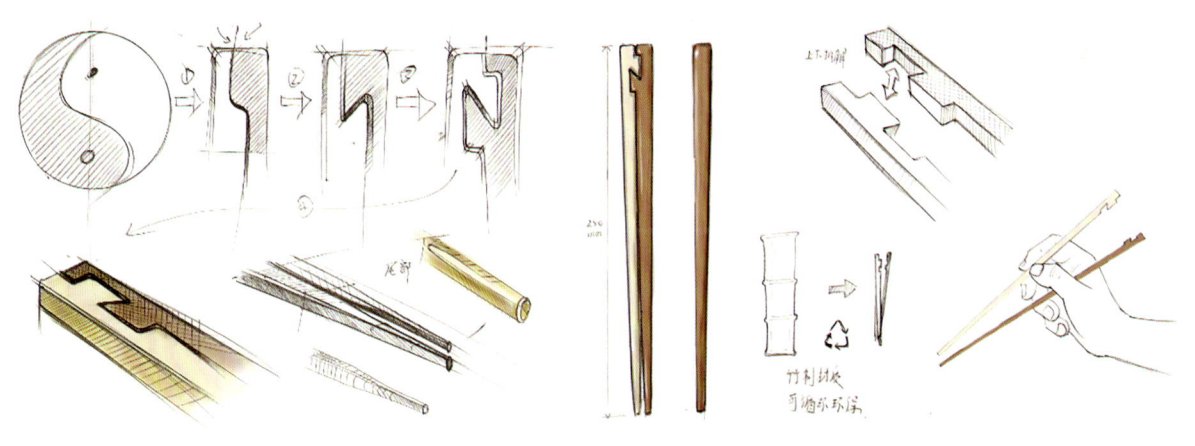

图 2-14　文创产品手绘草图

3．如何学习手绘草图

在文创产品设计中，学习手绘草图可以简化为以下三个步骤：

第一步：研究和观察。通过研究和观察与文创产品设计相关的手绘概念草图作品，注意线条运用、透视关系和细节表达等方面，理解概念草图的设计语言和创意思维。

第二步：掌握基础绘画技巧。学习基础的绘画技巧，如线条的描绘、阴影和明暗的处理，以及比例和透视等基础概念，有助于更好地表达设计概念和构思。

第三步：实践和改进。进行大量的手绘草图临摹实践和练习，从简单的形状和元素开始，逐渐增加复杂度。尝试表达不同的概念和创意，接受他人的反馈和建议，并不断改进和提高自己的手绘能力。

通过这三个步骤，可以逐渐提升手绘概念草图的技巧和创意表达能力。观察、练习和持续改进是学习手绘概念草图的关键。

2.3.2 设计软件的基础应用

对于现在的数字化信息时代，掌握设计软件的基础应用技能对设计专业来讲尤为重要。在进行文创产品设计前，学好基础软件，可以提升创作能力，更好地实现创作想法；提高工作效率，将更多的时间和精力用于提高创作质量；扩展专业技能，熟练掌握设计软件能力，可以适应不同的设计领域，从而获得更多的职业发展机会。在草图绘制完成后，要想将草图转为更精确、更专业的平面设计图，就需要在草图的基础上进行细化和修改。因此，需要将草图导入到计算机软件中进行细化。这个过程会涉及使用专业的图形软件，通过对草图设计元素的编辑、调整和完善，最终得到高质量的设计效果。

1. 常用软件的作用与选择

（1）手绘草图阶段：手绘草图是设计创意最初的表达方式。设计师使用纸和笔进行手绘，迅速勾勒出初步的构思和概念。这个阶段的侧重点在于捕捉创意灵感和表达整体概念，通过勾勒形状、比例和整体构图，探索多个方案和变化。

（2）平面概念图阶段：是将手绘草图进一步转化为电子绘图软件上的 2D 概念图，称之为平面概念图。设计师使用设计软件，将手绘草图转化为更精确、规范和可编辑的平面图。平面概念图阶段的侧重点在于准确传达设计的细节和视觉特征，通过精确的线条和形状定义、色彩和图案的运用，确保与整体设计风格和品牌形象的一致性，如图 2-15 所示。

图 2-15　草图转到 Adobe Photoshop 中进行细化得到平面设计图

平面设计图制作软件：Adobe Photoshop、Adobe Illustrator 软件，如图 2-16 所示。

图 2-16　平面设计图制作常用软件

在平面设计图制作的过程中，Adobe Photoshop 用于制作平面设计图中的位图，Adobe Illustrator 用于制作平面设计图中的矢量图，两款软件可以根据不同的设计需求配合使用。

（3）三维概念图阶段：利用三维建模软件将平面概念图转化为立体的虚拟模型，称之为三维概念图。设计师通过建模、贴图、灯光和渲染等技术，为设计概念赋予具体的空间感和真实感。三维概念图阶段的侧重点在于展示设计的空间表现和立体感，通过准确建模、材质贴图和渲染的真实感，呈现设计细节和功能实现的考量（图 2-17）。

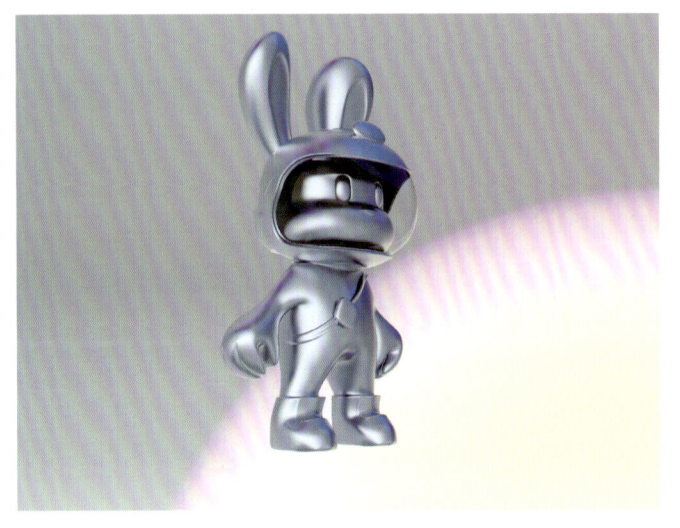

图 2-17　平面设计图转 3D 概念图

3D 概念图制作工具：Adobe Photoshop、Adobe Illustrator、cinema 4D、Blender、Rhinoceros（犀牛）、3D Studio Max 软件，如图 2-18 所示。

图 2-18　3D 概念图制作软件

在 3D 概念图制作的情况下，Adobe Photoshop 多用于处理 psd 样机，使用情况较多；Adobe Illustrator 虽然有 3D 功能，但在概念图制作情况下，相比 Adobe Photoshop 使用情况较少；cinema 4D、Blender、Rhinoceros（犀牛）和 3D Studio Max 这几款软件都可以用于设计与制作 3D 效果，且配合渲染功能或渲染软件就能达到更为真实的 3D 立体效果。需要注意的是，这几款 3D 软件的操作细节、应用范围和侧重点略有不同，因此，在学习和使用前，需要根据具体的设计方向进行系统的软件学习。

这三个阶段相互补充，帮助设计师将初始创意转化为具体的设计方案，并为进一步的设计和制作提供基础。手绘草图阶段强调创意的生成和构思的表达，平面概念图阶段注重细节的准确传达和视觉特征的表现；三维概念图阶段则着重于空间感和真实感的展示。

2. 软件学习的方法建议

学习平面设计软件和三维类设计软件的方法和时长可能有所不同。下面是对两种类型软件学习的一般建议：

（1）平面设计软件的学习方法：学习平面设计软件可以从掌握基本操作开始，如界面导航、图层管理、绘制基本形状、文本处理等。然后逐步学习高级功能，如图像处理、排版设计、色彩管理等。通过实践项目和参考教程进行练习，同时与其他设计师交流和分享经验。学习平面设计软件的时长因人而异，取决于个人的学习速度和学习目标。通常需要数周到数个月的时间来熟悉软件的基本功能和工作流程，并不断练习和实践以提升技能。

（2）三维类设计软件学习方法：学习三维类设计软件需要先了解三维建模的基础概念和工作流程，如建模、材质贴图、灯光和渲染等。可以首先从学习基础建模技术，如多边形建模或曲面建模，以及掌握软件中的工具和功能开始。随后，可以探索高级技术，如动画、特效和渲染引擎的运用。学习三维类设计软件的时间可能会比学习平面设计软件更长。由于三维设计涉及更多的技术和概念，通常需要几个月到一年以上的时间来掌握基本的三维建模、渲染和动画技能。不断实践和积累项目经验可以加速学习过程。需要注意的是，学习时长是一个相对的概念，因为每个人的学习速度和学习目标都不同。此外，学习软件并不仅是掌握其工具和功能，还需要发展设计思维和创造力。因此，持续学习和实践对于提升设计技能至关重要。

（3）学习软件和设计之间有着密切的关系，相互促进和依赖。首先，学习软件为设计师提供了实现创意的工具和技能基础。通过熟练掌握软件的操作和功能，设计师能够更准确地表达设计的形状、细节、色彩等方面，提高设计的表现力和质量。软件的自动化和便捷特性也能提高设计的效率和生产力。其次，软件为设计师提供了创新和试验平台。软件的各种功能和特性激发设计师的创造力，使其能够尝试新的设计方法和技术推动设计领域的创新与发展。然而，需要注意的是，学习软件并不是设计的全部。设计的核心在于创意、思维和表达能力。因此，设计师在学习软件的同时也应注重培养综合素养，如设计思维、审美能力和用户需求的研究，以获得更全面的设计能力。综上所述，学习软件是设计过程中重要的一环，与设计相互融合，共同推动着设计的发展与创新。

> **任务思考与实训**
>
> 1. 通过案例学习，临摹手绘草图和概念图，熟悉设计流程，理解每个阶段图的不同要求和侧重点。
> 2. 熟悉平面软件，了解 Adobe Photoshop 和 Adobe Illustrator 的区别。
> 3. 认识三维软件，了解各软件的优势，选择一种深入学习。

任务 2.4　文创产品设计的工作流程

有序规划、成就卓越、科学的工作流程可以使文创产品设计工作有序、高效地进行，它帮助设计团队在设计过程中明确目标、了解用户需求、评估竞争对手、优化设计方案、提升用户体验，并最终达到满足市场需求和取得商业成功的目标。通过系统的工作流程，设计团队可以更加有序地进行设计和开发工作，从而确保产品的创新性、差异化和市场竞争力。

常用的工作流程涵盖了项目立项与策划、创意构思与方案设计、设计方案制作、产品展示与宣传、项目总结与反思五个方面。每个流程都有其特定的任务和目标，通过系统地操作这些流程，设计团队可以更好地完成文创产品的设计和开发工作。

2.4.1 项目立项与策划

（1）明确项目目标和范围：确定文创产品的核心理念、目标市场和预期效果。

（2）市场调研与用户分析：了解目标用户的需求、目标市场的趋势和竞争态势。

（3）制订项目计划和时间表：规划项目的阶段性目标和时间节点，分配资源和确定团队成员。

假如要设计一款香薰文创产品，首先需要明确产品的定位和目标市场，进行市场调研，了解目标用户的喜好和需求。根据调研结果，制订项目计划，规定设计和开发阶段的时间表。如图 2-19 所示为部分市场上常见的香薰类产品的不同形式，收集资料，进行市场调研，用户分析和竞品分析，形成调查分析报告，确定合适的方向，制订项目计划和时间表。

图 2-19 香薰类产品对比

2.4.2 创意构思与方案设计

（1）创意激发与头脑风暴：鼓励团队成员提出创意和构思，绘制思维导图，启发灵感。

（2）筛选与评估方案：对提出的创意进行筛选和评估，选择最具潜力和可行性的方案。

（3）方案设计与原型制作：将选定的方案进行详细设计，手绘草图，包括产品功能、外观设计、材料选择等，并制作出初步的产品概念原型。

在创意构思阶段，首先，团队成员可以提出不同的手工艺品设计概念，如陶瓷茶具、刺绣手袋等。其次，对这些创意进行评估，选择一个最具有市场潜力和符合预算要求的方案。最后，将选择的方案进行详细设计，包括产品的样式、

39

尺寸、材料等，并制作出一个初步的产品概念原型。

2.4.3　设计方案制作

（1）详细设计与工程制图：根据选定的方案，进行软件详细设计和制图。
（2）材料采购与样品制作：确定所需的材料，并采购所需材料进行制作样品。
（3）产品测试与优化：对制作的样品进行测试，并根据测试结果进行优化和改进。

在设计方案制作阶段，根据刚选定的方案，进行详细的设计和制图。同时，确定所需的材料，并采购这些材料用于制作样品。制作完成的样品会进行测试，如使用测试、外观检查等，根据测试结果进行必要的优化和改进。

2.4.4　产品展示与宣传

（1）产品包装与品牌形象设计：设计产品包装和相关品牌形象，使其与产品风格相符。
（2）渠道选择与销售策略：选择合适的销售渠道，如线上销售平台、实体店铺等，并制订相应的销售策略。
（3）市场推广与宣传：通过广告、社交媒体、展会等方式进行产品的市场推广和宣传。

在产品展示与宣传阶段，设计团队会设计符合产品风格的包装和品牌形象。同时，确定产品的销售渠道，如选择在线上平台进行销售，并制订相应的销售策略。此外，通过广告、社交媒体等方式进行产品的市场推广和宣传。如图2-20、图2-21所示，潮玩品牌超级植物在线上网店和左右艺术超市的线下展示陈列。《超级植物系列—请放松》巧妙使用谐音梗，诙谐幽默，整体风格统一，用色大胆明快，突出了年轻活力的品牌形象。

图2-20　《超级植物系列—请放松》线上海报、包装展示

图 2-21　超级植物系列左右艺术超市线下陈列展示

　　产品的展示与宣传直接影响产品的销售情况，在这个环节要充分调动起人们的购买欲，人们愿意购买和使用文创产品，是因为它们能够为生活增添一份独特的美感和情感价值。文创产品设计在推动文化和艺术的传承与创新，使人们更好地了解和欣赏文化遗产的同时，也为当代艺术家和设计师提供了展示才华和创意的平台。

　　在艺术与零售结合的新消费时代下，文创产品的销售有了更多的渠道，文创产品离人们的生活越来越近，创意集市、主题展览等都为文创产品的展示创造了良好的环境。同时，也出现了很多潮玩品牌店和艺术商店，售卖各类艺术文创产品。

　　还有一种模式正在形成一种新的趋势，与潮玩店不同，这类店铺将展厅展览和文创主题集合在一起，使艺术展览以一种快闪店或常驻店的形式存在于商场中，与观众的距离更近。左右艺术超市是第一个具有这样理念的店铺，是基于策展型新零售的方式，致力于打造介于消费与艺术展览的替代性空间，策划不同艺术展，结合展览主题匹配相应的文创产品，混淆艺术与商业的边界，产品以高端文创艺术品为主，制作精美；在展示方式上也形式多样，静态展示、多媒体展示、与产品互动展示相结合，很好地诠释了产品要表达的理念，营造了轻松的销售氛围，促成了产品交易。如图 2-22～图 2-25 所示为左右艺术超市文创产品线下展卖场景和产品宣传海报。

2.4.5　项目总结与反思

（1）项目成果评估：评估项目的成果，检查是否达到预期的效果和目标。

（2）反思和改进：总结整个项目的经验教训，找出改进的空间，并为未来的设计项目提供经验。

　　在项目总结与反思阶段，团队会对整个项目的成果进行评估，检查是否达到了预期的效果。同时，进行反思和改进，总结项目中的经验和教训，并明确未来设计项目中需要改进的地方。

图 2-22　左右艺术超市武汉万象城店内场景

图 2-23　左右艺术超市线下陈列文创

图 2-24　艺术家居系列左右艺术超市线下陈列展示

图 2-25 《能量抱枕》左右艺术超市产品海报

> 任务思考与实训
>
> 1. 通过案例学习，熟悉文创产品的设计流程。
>
> 2. 自拟题目设计一款文创产品，按设计全流程体验，然后以 ppt 形式汇报。

项目评价

根据自己的学习情况完成下面的表格，根据自己的掌握情况填涂〇，以便后面的查漏补缺。

学习情况自我审查一览表

	学习目标	我的理解程度（要领概括）	掌握情况
知识目标	1．学会文创产品设计的鉴赏方法。 2．熟悉市场调研和用户分析的方法。 3．了解文创产品的设计原则和流程		〇〇〇〇〇
能力目标	1．能对文创产品进行全面、深入的地鉴赏。 2．通过市场调研和用户分析，可以写出准确的分析报告。 3．掌握基本的手绘技巧，了解软件的基础操作		〇〇〇〇〇
素质目标	1．培养对美的敏感性和审美品位，以便能够创作出具有艺术价值和商业吸引力的文创产品。 2．培养良好的沟通能力和团队合作精神，以便能够与其他专业人员合作，共同推动项目的成功		〇〇〇〇〇
学习收获与心得			
学习难点与解决方案			
学习自我评价			
教师评价			

项目 3　博物馆、展览类文化创意产品设计

——武强年画博物馆《花开富贵》文创产品全案设计项目实践

项目导读

随着文创产品的开发，全国各地的博物馆、主题展览也纷纷推出了各具特色的文创产品，在市场上引起了热烈的反响。博物馆、主题展览将其展览资源与创意设计相结合，唤起观众和游客的情感共鸣，使其与展品和故事产生更深入的联系。这些产品不仅可以带给人们审美上的享受，还能成为情感纽带，使人们更加深入地了解展品，实现博物馆、主题展览的文化内涵和价值最大化。在本书的第三部分，关于博物馆的文创产品设计及方法有更丰富的案例鉴赏，本项目主要通过博物馆年画的文创产品来学习文创产品设计中图纹元素的提取与转化。

我国博物馆收藏品种类众多，展品上有大量精美的图案和纹样，这些图案和纹样以其独特的艺术价值和文化内涵吸引着观众的关注。在画作类展品中，图纹即展品；在其他器皿、服饰类展品中，图纹通常也是展品的一部分，所以，对图纹元素的提取与转化也是最常见的博物馆、展览类文创的设计方法。本项目中的武强年画博物馆，坐落于河北省武强县，是全国第一家年画专题博物馆，也是国家级非物质文化遗产代表性项目"武强木版年画"的保护单位。现馆藏明、清以来历代武强年画古版和纸质资料万余件，再现了武强年画的历史风貌，被誉为"民间美术敦煌"。年画里那些丰富的想象、古老的智慧、浓浓的烟火气，不仅寄寓中国人世世代代对美好生活的祝愿，也是新年吉祥如意的好兆头。在本项目中，通过武强年画博物馆《花开富贵》系列文创产品设计作品，掌握图纹元素的提取与转化方法。

本项目内容首先对博物馆、展览类中年画主题的文创产品进行鉴赏，筛选出了苏州桃花坞、天津杨柳青和佛山木版年画三个与年画相关的专项博物馆，针对其相关文创产品进行赏析。然后重点解析了《花开富贵》项目为武强年画博物馆设计的一款文创产品——《花开富贵——手账本》，如图3-1所示。通过对整个设计流程的详细剖析，使学生了解针对这类文创产品设计的设计思路和流程。本节案例解析中介绍的手账本是整个《花开富贵》项目中的其中一个设计方向，案例拓展中展示的是另外三个设计方向的作品。

图 3-1　武强年画博物馆文创产品《花开富贵——手账本》

学习目标

1. 知识目标

（1）了解不同文化背景下的图纹，包括传统、民族、艺术等方面的图案和纹样。

（2）学习年画起源、意义和特点，掌握不同地区年画图纹元素的文化内涵和象征意义。

（3）理解图纹在博物馆文创产品设计中的应用方式和设计原则。

2. 能力目标

（1）能够掌握图纹提取和转化的技术与方法，包括图像处理软件的使用、手绘技巧等。

（2）具备图纹设计和创新的能力，能够将传统的图纹元素与现代设计相融合，创造出独特的文创产品。

（3）能够将提取到的图纹进行调整和变换，适应不同产品形式和尺寸的要求。

3. 素质目标

（1）培养审美能力和创造力，能够通过提取和转化图纹元素，设计出美观、富有创意的文创产品。

（2）培养对文化遗产的尊重和保护意识，能够将图纹元素应用于文创产品中，传承和弘扬传统文化。

（3）培养跨文化交流和理解的素质，能够理解不同文化中图纹的含义和表达方式，设计出具有跨文化特色的文创产品。

任务 3.1　博物馆、展览类文创设计案例赏析

小小的年画里，不仅是手艺人的技法，更是中华文明赓续至今的见证。项目立项后，一般会先对同类设计进行考察学习，了解市场上相关同类博物馆、展览等现有年画文创产品的一些设计理念和产品情况。熟悉该类文创产品市场和相关潮流趋势，学习与策展人、市场专家、文化研究者等不同领域专业人士进行合作和交流，拓宽视野，提高综合能力。

3.1.1　苏州桃花坞木版年画

桃花坞木版年画是苏州市民间传统美术，也是国家级非物质文化遗产之一。它源于宋代雕版印刷工艺，始于明，盛于清。因其内容丰富、题材广泛、线条优美、色彩鲜明、构图精巧、富有江南水乡的温婉细腻之美而独树一帜。

桃花坞木版年画通常以头大身宽的人物为主，色彩以红、黄、蓝、绿、紫、淡墨等颜色为基调进行组合，给人一种对比强烈、鲜明、欢乐明快的视觉感受。如图3-2所示，《一团和气》是桃花坞木版年画的代表作之一，画面中间是一位扎羊角发髻、头戴红花、憨态可掬的稚童，满面笑容又似老妪。人物身着赤红花团锦簇服，佩"日月同春"银锁，手捧"一团和气"卷轴，洋溢着浓郁的喜庆、吉祥氛围。整体构图为圆形，寓意"团圆"和"美满"，表达了人们祈盼家庭和谐、诸事美满、和气满堂的美好愿望。如图3-3所示，《门神》也是桃花坞年画中常见的题材之一，图中表现的是武门神秦琼和尉迟恭。两门神的形象敦厚，孔武有力，驱避灾祸，迎祥纳福。

图 3-2　木版年画《一团和气》　　　　图 3-3　木版年画《门神》

苏州博物馆、桃花坞年画博物馆、桃花坞木版年画巡展等展览中，都少不了桃花坞木版年画系列文创产品，基本涵盖3大类产品：第一，装饰挂画类，拓印年画、明信片等，年画本身独特的图案、吉祥的寓意、深厚的文化内涵就非常吸引人，请一幅年画挂在家里装饰，节日氛围浓郁；第二，体验互动类，木版年画DIY套装，在体验互动的过程中，了解它的制作工艺和过程，更好地传承非遗文化；第三，家居生活类，冰箱贴、书签、

笔记本、钥匙扣、卡包、箱包、T恤等。

通过设计和制作以上桃花坞木版年画非遗文创产品，可以将桃花坞木版年画的独特魅力展现出来，同时满足现代人对于传统文化的认同与喜爱。这些文创产品不仅可以增加桃花坞木版年画的知名度和影响力，也有助于传承和发展桃花坞木版年画的非遗文化，如图3-4～图3-6所示。

图3-4 《万象更新》DIY套装　　图3-5 《一团和气》冰箱贴　　图3-6 《门神》冰箱贴

桃花坞木版年画除传承经典的图样外，非遗继承人也在一直与时俱进地设计新的图样，姑苏区桃花坞木版年画代表性市级传承人乔麦以大运河苏州段十个文化地标为创作题材，原创年画《运河十景》，运用桃花坞年画的木版水印的技法，描绘春夏秋冬、风霜雨雪，不同时间、不同空间的苏州景色，展现大运河文化风采，如图3-7所示。龙年新推出的《一团龙气》《龙福》等纹样文创产品，在保留传统图案的基础上，增加了现代元素，卡通龙形象的植入使年画更受年轻人的喜爱；《龙福》受《福字图》启发，用龙、华表、仙鹤、红日、花窗、五角星（中国芯）等元素表达对当下生活的热爱和祝福，非常受大众欢迎，如图3-8、图3-9所示。

图3-7 《运河十景》文件夹套装　　图3-8 《龙福》摆件　　图3-9 《一团龙气》年画

3.1.2 天津杨柳青年画

杨柳青木版年画是天津市民间传统美术，国家级非物质文化遗产之一。据传始于明朝万历年间，盛于清代中叶。杨柳青木版年画题材广泛、内容丰富、构图饱满、寓意吉祥、雅俗共赏，创立了鲜明活泼、喜气吉祥的独特风格，如图3-10～图3-13所示。

杨柳青木版年画继承了宋、元绘画的传统，吸收了明代木刻版画、工艺美术、戏剧舞台的形式，采用木版单色套印和手工彩绘相结合的方法，创作一幅年画需要历时三四个月，完成五道工序：出稿（构图）、雕版、印刷、彩绘、装裱，即通常说的勾、刻、印、绘、裱。杨柳青木版年画是一门综合艺术，每道工序都需要精心学习、仔细体会。手工彩绘需要的工序较多，将版画的刀法版味与绘画的笔触色调巧妙地融为一体，刻工精美，绘制细腻，人物生动，色彩典雅。手绘的加入，是杨柳青木版年画的一大特点，所以在文创产品中，

图 3-10 杨柳青年画《莲年有余》

图 3-11 杨柳青年画《五子夺莲》

图 3-12 杨柳青年画《仕女游春》局部

图 3-13 杨柳青年画《十不闲》

可以看到很多杨柳青木版年画的线稿涂色产品，如图3-14所示，根据杨柳青木版年画的传统图谱印制线稿，在难度和上色材料上进行产品分层设计，有国画颜料、毛笔上色，还有水彩笔、蜡笔、彩色铅笔等工具，使不同美术基础和不同年龄的游客都能在亲自上色中体会到杨柳青木版年画的魅力。

除技法还原类文创产品外，好多博物馆和展览文创产品设计中还推出了一系列贴近生活的文创衍生产品，如摆件、文件夹、便签纸、食品、T恤、背包等。如图3-15所示，文创雪糕在带给大家清凉的同时，也把美好的祝福传递出去，使游客在生活中也能感受到传统年画的魅力。如图3-16所示的民俗玩具系列《杨柳青年画娃娃》，就是以杨柳青年画代表作之一的《莲年有余》为灵感来源，通过形象的再设计，Q版的胖娃娃和怀里的大鱼从年画里走出来，摆放在案头，送出祝福的同时增添几分趣味。如图3-17所示为杨柳青年画的经典代表作之一——《武门神年画》，画面人物为名将秦琼和尉迟恭，形象威武，线条刚劲，色彩丰富，底图有云纹装饰，构图饱满。如图3-18和图3-19所示，故宫博物院出品的两款文具类文创产品，《门神便签纸》和《门神文件夹》都是以故宫博物院馆藏文物杨柳青门神年画为灵感，提取年画人物形象，转化归纳线条后形成新的图案，既保留了原年画形象，又使新图案线条顺滑、结构完整、表达更细腻，增加产品的精致感。

这些文创产品不仅满足了游客的购物需求，而且通过这些产品，可以将杨柳青年画的历史文化美感传达给更多的人，加深公众的了解和关注。

图3-14　杨柳青年画DIY手绘文创

图3-15　《莲年有余》文创雪糕

图3-16　《杨柳青年画娃娃》摆件

图3-17　杨柳青年画——《武门神年画》

图 3-18　故宫博物院《门神便签纸》 　　　　　图 3-19　故宫博物院《门神文件夹》

3.1.3　佛山木版年画

佛山木版年画是中国著名的民间木版年画，始于宋、元，盛于明、清及民国初期；清初与天津杨柳青、苏州桃花坞、山东潍坊年画齐名，并称中国四大木版年画。2006 年，佛山木版年画经国务院批准列入第一批国家级非物质文化遗产名录。

佛山木版年画通过雕版、套色印刷（有部分再加手工绘制加工）而成，题材丰富，有门画、神像画和岁时风俗画，也有各种各样的民间故事、传说等，蕴藏着佛山人的文化精神、文化观念与文化气息。其形象精细、饱满，线条粗犷、有力，红彤彤的色彩热烈艳丽、寓意吉祥，佛山木版年画的纹样和图案有着南方地域特征，神像画都有拟人的趋势，多使用谐音，吉祥图样作为主要内容，表达驱邪及祈福的寓意，也表达了人们对美好生活的向往，如图 3-20～图 3-24 所示。

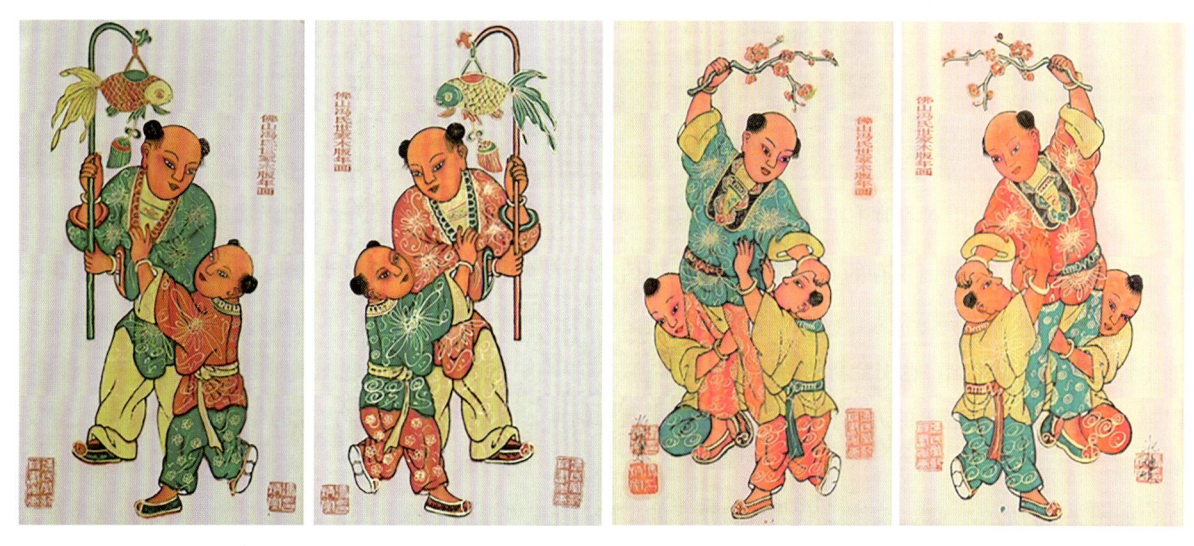

图 3-20　佛山木版门画《鲤鱼童子》　　　　　图 3-21　佛山木版门画《梅花童子》

> 任务 3.2　《花开富贵——手账本》案例精析

3.2.1　《花开富贵》文创产品设计项目调研

项目开始后，首先进行相关信息的调研，通过网络调研了解武强年画的现状、特点等，收集一些电子资料，包括相关文章、图片、影视资料等分类整理。然后再去武强年画博物馆进行实地调研和设计任务沟通。文章的阅读很重要，可使设计师更全面地了解项目的相关人文历史、艺术流派、特点及与其他同类工艺的区别等理论知识，如图 3-32、图 3-33 所示。

PPT：《花开富贵——手账本》案例展示

图 3-32　武强年画相关文章

图 3-33　武强年画作品部分收集整理

武强年画历史悠久、博大精深，2003年入选中国民族民间文化保护工程首批十大试点，2006年入选国家非物质文化遗产名录。武强年画艺人十余人被评为民间工艺美术师，马习钦被评为中国民间文化杰出传承人，郭书荣被评为国家级工艺美术大师。武强年画博物馆自1992年开放以来，受到国内外各界人士的关注与支持。1993年，其被文化部命名为"木版年画艺术之乡"。武强年画博物馆成为衡水乃至河北省对外文化交流的窗口，国内外影响巨大。馆藏文物10 000余件。如图3-34所示，整个陈列新颖别致，既富有新的时代气息，又有浓厚的民族、民间特色，以及较强的知识性、艺术性、趣味性和参与性。

图3-34　武强年画博物馆现场考察

武强年画的构图丰满、线刻粗犷、设色鲜亮、装饰夸张、节俗特色浓厚。与杨柳青的精妙、桃花坞的婉约不同，武强木版年画更多了一些北方的粗犷和豪放。如图3-35、图3-36所示，在刻版技法上变化多样，有的精雕细刻，表现入微；有的粗细相兼，适得其妙。运用黑白对比的表现方法，始终保持着版画的风格。

图3-35　《财连银汉 利贯金城》武强年画博物馆藏版　　图3-36《牡丹蜡花纸》武强年画博物馆藏版

武强年画色调鲜明、对比强烈，除墨线外，一般有3～7种套色，色彩丰富，调子明快。造型夸张，简练概括，人物塑造突破正常比例，突出头部和眼睛，重视神态刻画。如图3-37所示，刻画了松荫下吕洞宾、铁拐李、钟离权三位仙人饮酒后醉意绵绵的神态，石桌上的寿桃和葫芦献出的长寿丹都体现了百姓渴望生活能美满富足、幸福长寿的愿望。如图3-38所示，门神造型极为夸张，头身比例为1∶3，双目怒睁，威风凛凛。动物塑造也是如此，如图3-39所示，"十斤狮子九斤头"，大力度地渲染出动物勇猛伟岸又驯顺可亲的性格特征。武强年画构图饱满，整个画面几无留白，体现出一种丰满富足的感觉。常以世俗认同的吉祥物为代表，以谐音、喻义、象征等艺术手法装饰作品，表现人民大众祈福求祥的美好愿望，如"连（莲花）年有余（鱼）""雀（爵）鹿（禄）蜂（封）猴（侯）"等，如图3-40所示。

图3-37 《醉三仙》武强年画博物馆藏版

图3-38 《小鞭剑门神》武强年画博物馆藏版

图3-39 《狮子滚绣球》

图3-40 《雀鹿蜂猴》

武强年画题材广泛，天、地、人三才无所不包，山水、花鸟、人物、动物、花卉、神像、戏曲故事、神话传说、时事新闻、组字花谜等品类繁多，是中国北方劳动人民思想愿望、风俗信仰、审美观念、生产和生活的反映，被誉为"农耕社会的艺术代表""民俗生活的大观园"。武强年画除具有大量民间题材外，更注重反映重大时代变革，以表达人们对国事的关心、对人生的美好期望。如图3-41所示，描绘了中华人民共和国成立阳泉至德州铁路全线通车剪彩的热闹景象。武强年画形式多样，如图3-42~图3-44所示，满足了广大人民美化生活环境、寄托民俗愿望的多种需求。

图 3-41 《庆祝通车》时事题材

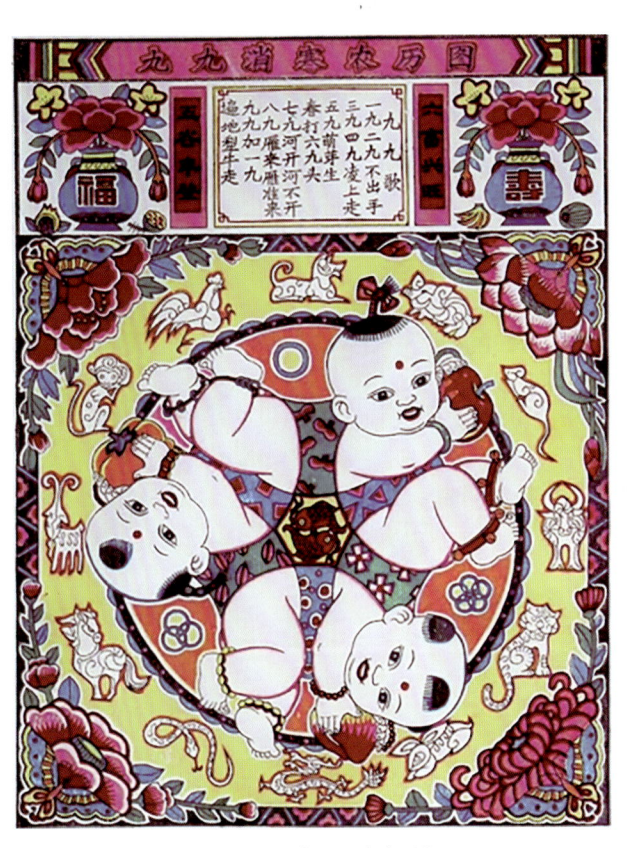

图 3-42 《九九消寒图》

图 3-43 《西游记》神话故事

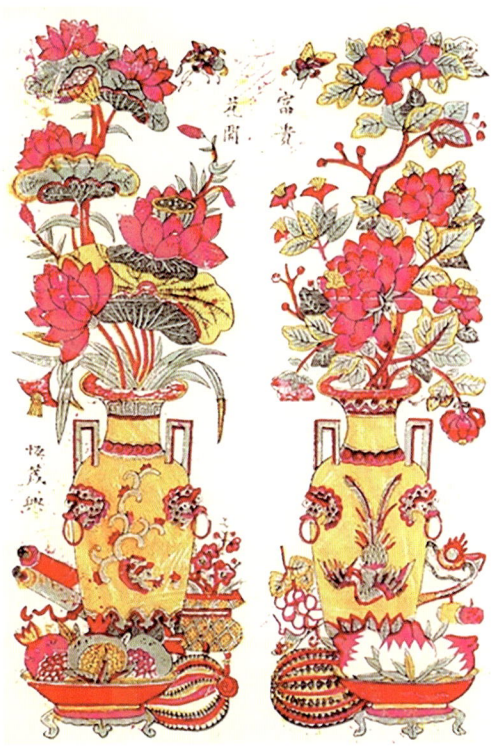

图 3-44 《花开富贵》花卉

通过分析，可以总结出武强年画的关键词和特点，为下一步设计提供方向，如图 3-45 所示。

1. 发源和发展历史
ORIGIN AND HISTORY

1 宋元时期 → 2 明代初期 → 3 清时期 → 4 新中国成立后 → 5 2005年入非物质文化遗产

2. 艺术特点
ART OF FEATURE

武强木版年画颜色鲜艳，对比度强，除线稿外，一般有3～7种套色，色彩种类丰富，色调明亮活泼，整体造型夸张

3. 艺术风格
ART OF STYLE

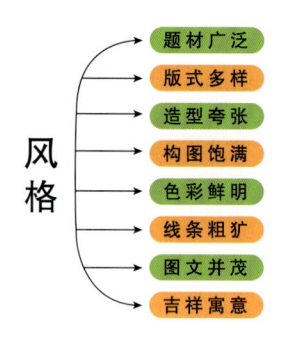

风格：
- 题材广泛
- 版式多样
- 造型夸张
- 构图饱满
- 色彩鲜明
- 线条粗犷
- 图文并茂
- 吉祥寓意

4. 制作流程
PRODUCTION PROCESS

武强木版年画一般通过四套工序完成。 绘 刻 套 印

5. 题材作品
THEME OF WORK

- 武强年画题材广泛，天、地、人三才无所不包。
- 其中，山水、花鸟、人物、动物、花卉、神像、戏曲故事、神话传说、时事新闻、组字花谜等品类繁多，是中国北方劳动人民思想愿望、风俗信仰、审美观念、生产和生活的反映。
- 被誉为"农耕社会的艺术代表""民俗生活的大观园"。

图 3-45　武强年画考察分析关键点总结

3.2.2　《花开富贵》年画图形元素提炼与色彩搭配

在前面调研的基础上，设计团队展开讨论，在众多年画图样中选取花卉主题作为文创产品设计的突破点，设计团队根据馆藏年画和收集素材，整理出一系列花开富贵的年画。

通过《花开富贵》年画的分析，可以观察到在这类花卉年画里，花瓶代表平安，瓶体主要有流线型和六棱形两种，花瓶上的主体纹样是象征男女爱情的凤凰花和牡丹花，寓意生活和睦美满，瓶中牡丹花象征富贵，瓶中所插的花卉以牡丹花、荷花、菊花和梅花为主，象征一年四季平安富贵；还会配有连枝柿子等代表事事如意的吉祥水果。果盘中的寿桃、佛手、广柑、葡萄和切开的西瓜，表示多子、多福、多寿。还有取意配偶的"藕"和莲（连）子、莲（连）花（女），以及比喻"瓜瓞绵绵"的黄瓜等吉祥花果，体现了美好幸福的夫妇生活。花瓶四周摆放的书籍、如意、卷轴、古筝、棋盘等物，既体现了琴、棋、书、画等书香气息，又展示了美好的祝福（图3-46）。

图 3-46　武强年画《花开富贵》整理

图 3-46　武强年画《花开富贵》整理（续）

《花开富贵》系列武强年画本身有其独特的装饰性，在图像概念设计过程中，通过对色彩、形状和材质等方面的概括与提炼，创造出夸张和典型的抽象特征。如图 3-47 所示，虽然对原始图案进行了解构，但整合后的图案元素仍保留了丰富的内涵基因，成为独特的装饰符号。

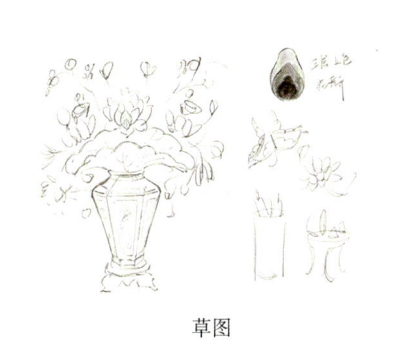

草图　　　　　　　　　线稿　　　　　　　　　彩图

图 3-47　概念设计图绘制流程

微课：AI 软件勾线与绘制技巧

图片：AI 软件勾线与绘制技巧

通过设计与插画的手段深度挖掘文化内涵，元素的提炼可分为一级元素和二级元素。

（1）一级元素：以年画中花瓶和插花为主要元素提取对象。如图 3-48 所示，花瓶的形态选取了立体棱形花瓶，增加了空间层次，插花品种保留了传统的牡丹、莲花、金丝菊、红梅的图案，象征四季平安；还有代表子女多福的莲子、莲花，象征生活美满。

图 3-48　一级元素提取转化

（2）二级元素：选取年画中花瓶周边的配套吉祥摆件为提取对象。如图 3-49 所示，蝴蝶在繁花上飞舞，花瓶周围的摆件选用了装有莲子、佛手、寿桃、石榴和葡萄的果盘，石榴、莲藕、寿桃等可以根据需要灵活选用，使画面更加简洁。

花的形象在年画的基础上进行了简化，构图选用传统的对称构图，在梅花和金丝菊花的生长方向上巧妙调整，使画面既平稳又有变化，细节处理丰富生动。

武强年画的色彩特点是偏好使用鲜艳亮丽、对比强烈的颜色，有传承久远的"画决"，如"红挨黄，喜洋洋""红挨紫，丑个死""要喜气，红和绿""要是扬，一片黄"等。

图 3-49　二级元素提取转化

武强年画的颜料是各种植物的萃取物，槐米制成黄色、石榴花榨出红色，靛蓝草萃取蓝色，锅底灰混成黑色，三原色加上黑色，可以配成所有的颜色。通常，神品类为红、黄、蓝三套色，戏出花卉类则增加一个品红色。因黄和蓝叠加可压出绿，黄和粉红叠加可压出红，粉红与蓝重叠可压出紫。这样，三套色版可印出红、黄、蓝、绿、紫五种颜色；四套色版可印出红、粉、黄、蓝、绿、桔、紫七种颜色，获得丰富的色彩效果。

根据武强年画用色的特点，分析提炼出如图 3-50、图 3-51 所示的配色方案。同时，在颜色和细节上也做到传承。

图 3-50　《花开富贵》配色方案和细节

图 3-51　《花开富贵》花瓶三种配色方案

3.2.3　《花开富贵》文创系列产品载体和概念图展示

为了能更好地展示武强年画风采，根据设计提案草图，结合市场调研的综合意见，项目负责方和设计团队选择了手账本作为文创产品的载体。手账本按照装订工艺、页码、纸张、尺寸和配色分为以下两个系列，增加游客的选择性。

（1）彩色填色手账本，如图 3-52 所示，色彩饱满，层次丰富，看上去花团锦簇；内页穿插着各种二级元素的吉祥摆件图案，增添了书写时的趣味性；原版《花开富贵》年画彩印，手账本彩色内页颜色为微黄色，模拟印制武强年画的草纸颜色。手账本的腰封对武强年画做了简要介绍，使人们在使用时了解武强年画，品味武强年画的韵味，如图 3-53～图 3-55 所示。

图 3-52　《花开富贵》彩色填色手账本封面（15 cm×22 cm）

图 3-53 《花开富贵》吉祥图案内页

图 3-54 《花开富贵》年画图案内页和腰封

（2）单色线稿手账本，如图 3-56 所示，线条流畅，细节丰富，看上去更加精巧雅至。内页元素和彩色填色手账本基本相似。只是在开本和装帧方式上有所区别。单色线稿手账本采用传统线装，封面采用特种纸，整体古朴典雅。

62

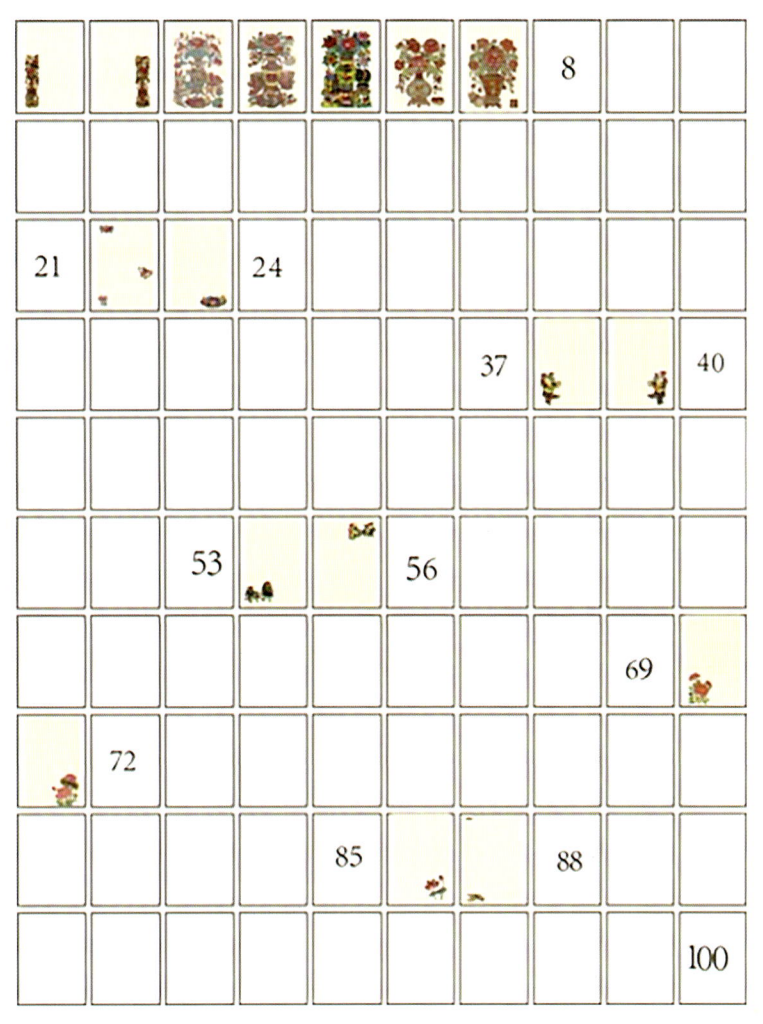

图 3-55　《花开富贵》彩色手账本内页排版

图 3-56　《花开富贵》单色线稿手账本封面（16 cm×9.5 cm）

提取视觉元素，进行当下语境的转译，主要有图案纹样的转译、造型样式的转译和工艺方式的转译等情况。对于图案纹样转译的设计思路如图 3-61 所示，且需要注意以下几点：

图 3-61　图案纹样转译的设计思路

（1）强调文化传承与现代审美：将文物中具有文化内涵的纹样提取为基础图形，通过现代设计手法重新创作，旨在保持传统纹样的含义不变的同时，使其更符合现代人的审美需求。

（2）甄别与筛选的重要性：设计师在选择图案时，不仅要考虑艺术价值，还要确保图案的表现形式与使用目的相一致。同时，也要选择具有文化体验寓意的图案，以及与设计主体、形态和产品表现形态相关联的图案。

（3）基础分析与构成单元的重要性：设计师需要对选定的图案进行深入分析，包括形态、色彩、构图和组织形式等方面的基本构成单元。这为进一步设计提供了坚实的基础。

（4）拆分与重构的创新：在全面理解图形本质后，设计师将文物上的图形纹样进行拆分和重构，运用现代审美风格进行表现。例如，可以运用当前热门的"萌文化"中的可爱卡通形象，为消费者带来新颖的审美体验。

通过对这些方面进行区分，能够更准确地表达原文的含义，并突出重要的设计思路和创新方法。设计师要考虑当代消费者的需求，以文创产品作为消费者与文物文化链接的桥梁，将藏品和展品的文化内涵准确地传达给消费者，引发情感共鸣。

任务思考与实训

1. 在博物馆、展览文创产品设计中，造型样式和制作工艺的转译有哪些方法？
2. 在文创产品设计中，举例分析视觉元素如何提炼组合。

问题解析

项目评价

根据自己的学习情况完成下面的表格，根据自己的掌握情况填涂〇，以便后面查漏补缺。

学习情况自我审查一览表

学习目标		我的理解程度（要领概括）	掌握情况
知识目标	理解图纹在博物馆、展览文创产品设计中的应用方式和设计原则		〇〇〇〇〇
能力目标	具备图纹设计和创新的能力，能够将传统的图纹元素与现代设计相融合，创造出独特的文创产品		〇〇〇〇〇
素质目标	培养对文化遗产的尊重和保护意识，能够将图纹元素应用于文创产品中，传承和弘扬传统文化		〇〇〇〇〇
学习收获与心得			
学习难点与解决方案			
学习自我评价			
教师评价			

案例拓展

一、武强年画《生肖鼠》木刻年画体验套装文创产品设计

对木版年画雕版印制工艺的体验是本案例的主要设计思路。根据十二生肖的木版年画元素为方向展开设计，可以亲手制作一幅生肖木版年画，将诚挚的祝福送给自己或亲朋好友。下面就让我们扫码来欣赏这款《生肖鼠》木刻年画体验套装文创产品设计。

任务思考与实训

1. 关于武强年画还可以想到哪些文创设计产品？
2. 临摹学习图3-62《花开富贵》的雕版印刷设计制作步骤并总结设计思路。然后自选一张武强年画进行练习。

图3-62 《花开富贵》套色版制作流程图

二、武强年画博物馆周边文创产品设计

从武强年画《花开富贵》系列的图案中提取和转化图案元素，结合市场需求，选择多元的文具类、服饰类等载体，拓展产品线，满足消费者需求。下面让我们扫码来欣赏这套《花开富贵》系列博物馆周边文创产品设计。

任务思考与实训

1. 关于武强年画主题还可以想到哪些文创设计产品？
2. 根据武强年画主题设计一个儿童玩具方向的文创产品。

项目 4　旅游景区类文化创意产品设计

——河北赵县赵州桥《礼遇赵州》文创产品全案设计

项目导读

每个城市都有其独特的文化和景区。景区类的文创产品设计为了满足游客对特色、纪念性和文化内涵的需求，可以从多个方面出发进行设计创作，包括纪念品、文化衍生品、互动体验产品等，增强游客对旅游目的地的记忆和情感联系。

通过前面的学习，已经学会了在文创产品设计中如何对现有图案纹样进行提取和转化。在本项目中，将通过讲述河北赵县赵州桥文创系列产品开发设计的案例，来进一步学习旅游景区类文创产品的开发设计。赵县隶属河北省石家庄市，古称赵州，是全国首批千年古县，现有赵州桥、永通桥、柏林寺塔、陀罗尼经幢等国保文物6处，赵州桥始建于隋代，由匠师李春设计建造，是世界现存年代最久的石拱桥，被誉为"天下第一桥"。

本节内容首先对同类景区文创产品进行鉴赏，从同类旅游景区中筛选出扬州五亭桥、颐和园十七孔桥和武汉长江大桥三个与桥相关的景区，针对其相关文创产品进行赏析。然后重点解析《礼遇赵州》项目为赵州桥景区设计的一款文创产品——《礼遇赵州——香台、香插》，如图4-1所示。通过对整个设计流程的详细剖析，使学生了解针对这类文创产品的设计思路和流程。本节案例解析中介绍的香器是整个《礼遇赵州》项目的其中一个设计方向，案例拓展中展示的是另外三个设计方向的作品。

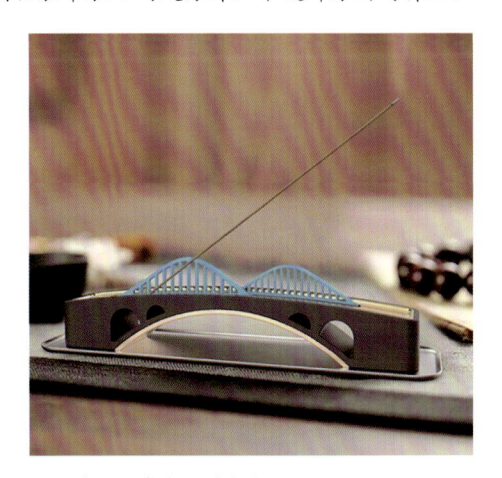

图 4-1　赵州桥文创产品《礼遇赵州——香台、香插》

学习目标

1. 知识目标

（1）了解文化创意产品设计的基本理论和方法，包括产品定位、市场分析、创意构思、材料工艺、生产制作等方面的知识。

（2）熟悉相关的艺术设计理论和文化创意产业的发展动态，包括了解国内外优秀的景区文创产品设计案例和经验。

（3）掌握与景区文化创意产品设计相关的文化、历史、艺术等方面的基础知识，以便能够将这些元素融到产品设计中。

2. 能力目标

（1）具备进行市场分析和产品定位的能力，能够深入了解目标客户的需求和喜好，为设计创意产品提供市场角度的支持。

（2）能够运用艺术设计理论和创意方法，进行景区文化创意产品的创意构思和设计，包括产品造型、图案、色彩等方面的设计能力。

（3）具备与生产加工、原材料选择、工艺制作等相关的技术能力，可以将设计构思转化为实际的产品。

3. 素质目标

（1）培养创新意识和设计思维，培养对文化传承和创意表达的尊重与热爱。

（2）培养团队合作意识和沟通能力，能够与不同领域的人合作，共同完成文化创意产品的设计与生产。

（3）培养责任感和社会责任感，注重产品的品质和文化内涵，提倡可持续发展和环保理念。

任务 4.1　旅游景区类文化创意产品设计案例赏析

新项目立项后，一般会先对同类设计进行考察学习，了解市场上相关同类景区现有文创产品的一些设计理念和产品情况。由于同类景区所面向的游客情况有一定的相似性，因此该类考察有助于帮助设计师快速进行产品定位和产品设计方向的梳理。

4.1.1　扬州瘦西湖五亭桥

李白一句"烟花三月下扬州"，引得人们为之向往。扬州瘦西湖是中国著名的园林景观，也是中国文化名城扬州的标志性景点之一。五亭桥是瘦西湖内的一座古桥，如图4-2所示。它历史悠久，造型精美，因其独特的建筑风格、文化内涵和浓厚的历史底蕴，成为扬州文化创意产品设计的灵感来源之一。

图 4-2 扬州瘦西湖五亭桥

扬州瘦西湖五亭桥系列文创产品包括以下几项：

（1）集邮礼品：设计以五亭桥为主题的集邮礼品，可以包括明信片、邮票、邮册等，通过各种集邮产品展现五亭桥的多样面貌，如春夏秋冬之美、日出日落之情景等，使游客在购买产品的同时可以了解五亭桥的不同韵味。

（2）仿古工艺品：采用仿古工艺制作的五亭桥系列文化创意产品，如青铜工艺、陶瓷制品等，展现出五亭桥的古朴和典雅，使游客在购买产品的同时感受到古典文化的魅力。

（3）纪念收藏品：设计以五亭桥为主题的纪念收藏品，如小型的五亭桥模型、五亭桥雕塑等，使游客可以将五亭桥的形象带回家，作为旅行的纪念和收藏。

这些五亭桥系列文创产品，不仅是景区纪念品，更是具有独特文化内涵和历史意义的艺术品，通过这些产品，游客可以更深入地了解和体验扬州瘦西湖的历史与文化，如图 4-3～图 4-5 所示。

图 4-3 五亭桥明信片　　图 4-4 五亭桥茶杯和杯垫　　图 4-5 五亭桥金属书签

4.1.2　颐和园十七孔桥

颐和园十七孔桥是一处著名的古典建筑景点，位于北京颐和园内，是中国古典园林建筑中的代表性作品之一，如图 4-6 所示。十七孔桥桥身长 150 m，宽 8 m，由 17 个券洞组成，是颐和园内最大的一座桥梁。

图 4-6　颐和园十七孔桥"金光穿洞"

桥上石雕极其精美,每个桥栏的望柱上都雕有神态各异的石狮子,惟妙惟肖。石狮子文创 IP 形象——《窃窃狮语系列》就是以桥上形态各异的石狮子为灵感来源。如图 4-7～图 4-10 所示,通过对桥栏 544 个生动可爱的石狮子进行形象设计,年轻化、拟人化的 Q 版形象拉近了游客与景点的距离,为满足不同游客的购物需求,进而推出一系列创意衍生品,如 T 恤、手机壳、胶带、马克杯等,使游客在生活中也能感受到十七孔桥的魅力。

图 4-7　颐和园十七孔桥的石狮子

图 4-8 窃窃狮语 IP 形象

图 4-9 狮子形象马克杯、胶带　　　　图 4-10 狮子 IP 书签、抱枕等文创产品

颐和园十七孔桥由于地理位置与南回归线的日落点垂直，每年冬至前后几天会出现"金光穿洞"的奇景，为此吸引了大量国内外游客的追随前往。颐和园十七孔桥被赋予了"爱情之桥"的美好寓意，他们认为"金光穿洞"奇景会带来爱情好运，可以使人尽快"脱单"，因此，掀起了"冬至到颐和园十七孔桥为爱情开光祈福"的文化热潮。如图 4-11 所示，化妆品牌 JAYJUN 和颐和园合作，推出联名款护肤水，将十七孔桥的图案和元素融到化妆品包装中，承载十七孔桥"金光穿洞"奇景带来爱情好运的浪漫，海外市场销量飙升。这也是颐和园十七孔桥品牌自身首次借势中国文化

图 4-11 借势十七孔桥寓意的化妆水

元素成功拓展市场的尝试，展现出创新营销的重大价值，充分彰显了中国传统文化的世界影响力，也成为中国文化魅力的一次全新突破，同时也是推动中国文创 IP 产品走出国际的重要一步。

这些文化创意产品不仅可以满足游客的购物需求，更重要的是通过这些产品，可以将十七孔桥的历史文化、建筑风格和美感传达给更多的人，加深公众对颐和园文化的了解和关注。

4.1.3　武汉长江大桥

有着"万里长江第一桥"美誉的武汉长江大桥拥有 60 多年的历史，是武汉市重要的历史标志性建筑之一。武汉长江大桥正桥长 1 156 m，如图 4-12、图 4-13 所示，桥面两侧外栏全部采用灰色铸铁桥栏，每隔七八米就镶嵌一块镂空花栏板，全部采用中国传统的寓意吉祥的图案，如丹凤朝阳、孔雀开屏、雄鸡报晓、鸟语花香等，共有 50 多种雕花图案。这些精美的图案都是当年面向社会公开征集评选得来的，人民大会堂的设计师也参与了设计绘图。图案最终由武昌造船厂翻模铸造，采用具有民族特色的镂空剪纸手法，再借助西方铸铁雕花工艺，将中国传统之美与现代大桥之美巧妙融合。

图 4-12　武汉长江大桥步道镂空花栏　　　　图 4-13　武汉长江大桥镂空花栏丹凤朝阳

镂空花栏板是武汉长江大桥建造历史的见证。近年推出的《桥见武汉》系列文创，巧妙地通过设计讲述了这段故事。最令人爱不释手的是武汉长江大桥栏杆雕花金属书签，如图 4-14 所示，这套书签的设计选用了武汉长江大桥栏杆上的 6 个雕花图案，分别是"喜报三元""燕报春晓""硕果累累""一路连科""五子登科""扬眉吐气"，每种雕花都代表了不同的祝福。设计团队在雕花图案原有的造型基础上，将一幅幅花鸟图案按照现在的审美趋势和文化潮流重新进行配色，赋予了雕花图案新的活力，每一幅雕花图案都蕴含着传统吉祥寓意。

同样出彩的还有融合武汉长江大桥图案的系列文创生活用品，有颜又有趣。如图 4-15～图 4-17 所示，一座桥在游客手里 DIY 搭建而成，精美雅致的图案装点人们的生活，小巧的行李牌、精致的电脑包，都是很受欢迎的武汉长江大桥文化创意产品之一。

图 4-14 武汉长江大桥栏杆雕花金属书签

图 4-15 武汉长江大桥DIY拼装积木

图 4-16 武汉长江大桥文创行李牌

图 4-17 武汉长江大桥文创电脑包

任务思考与实训

1. 通过案例分析，小组讨论在旅游景区类文化创意产品设计中，一般有哪些设计思路。
2. 举例说明文化创意产品如何体现景区特色。

问题解析

赵州桥·印象

经过实地调研，赵州桥文创产品应重点解决下列问题：

1. 缺少主视觉造型。

2. 商品同质化程度较高。

3. 商品美观度较低，产品风格导致受众人群少。

图 4-21　赵州桥在售文化创意产品及分析

通过分析赵州桥在售文化创意产品的问题，设计团队经过讨论提出了相应的解决思路。在本项目中，景区在售文化创意产品存在的问题主要有以下三点：一是缺少主视觉造型；二是商品同质化程度较高；三是商品美观度较低，产品风格导致受众人群少。要想解决这些问题，设计团队提出以下建议：第一，设计主视觉图案及插图，包括设计定位、主次元素的选用、色调的选择、氛围的营造等方面，用设计和产品传承名桥文化；第二，将设计好的视觉元素应用到消费者感兴趣的物品上，在产品载体的选择上，要综合考虑成本和市场，做到贴近生活，以多样化产品来满足不同需求的游客；第三，细分受众群体，分出几个主要的产品线，重点使设计年轻化，吸引更多年轻人去购买推广。

通过分析，可以总结出下面的关键词和相关元素，以关键点做思维导图，为下一步设计提供方向，如图4-22所示。

关键词：

一、历史悠久。

二、体现劳动人民的智慧和才干。

三、首创"敞肩拱"结构，有科学价值。

四、浑厚、严正、俊逸的石雕。

五、旅游胜地。

元素：

一、人物：李春、茅以升。

二、历史：石碑、攀龙附凤、乾隆题词。

三、科学："敞肩拱"结构、承重、防震、节省石料。

四、风景：石桥、植被、水上有倒影。

五、石雕：桥上精美的双龙缠绕、双龙翱翔、双龙戏珠；石碑上有单独的龙和凤；栏板上有人物、动物和植物图案。

六、赵县特产：梨。

图 4-22　赵州桥考察分析关键点总结

4.2.2 《礼遇赵州》文化创意设计方案构思与概念图展示

在前面调研的基础上,设计团队展开讨论,以思维导图的方式来梳理整合设计思路。在《礼遇赵州》系列文化创意设计中,设计团队根据赵县和赵州桥的调研情况绘制了两张思维导图,从景区文化的相关要素中探索出不同的设计方向。

赵县知名的建筑景点有赵州桥、柏林禅寺等,赵州古有"十景",曰"古桥仙迹""双庙龙泉""勒经石塔""望汉云台""平棘舒青""洨川环翠""东寺钟声""西郊水利""南畦稻熟""北沼荷香"。"赵州十景"历来为赵州人引以为豪,且多有赞美诗文传世。现今,除"古桥仙迹""勒经石塔""东寺钟声"三景尚存外,其余七景,随着历史的变迁,"胜迹"湮废,有的只存残迹,有的仅留传说。赵县水果特产有雪花梨等。针对这些代表元素可以进行提取再设计。依托对应的商品载体,如赵县梨可以进一步开发食品包装、伴手礼、梨木产品等,由十景可以拓展到装饰画、饰品和居家用品等,如图4-23所示。

微课:赵州桥设计定位与主要文化符号梳理

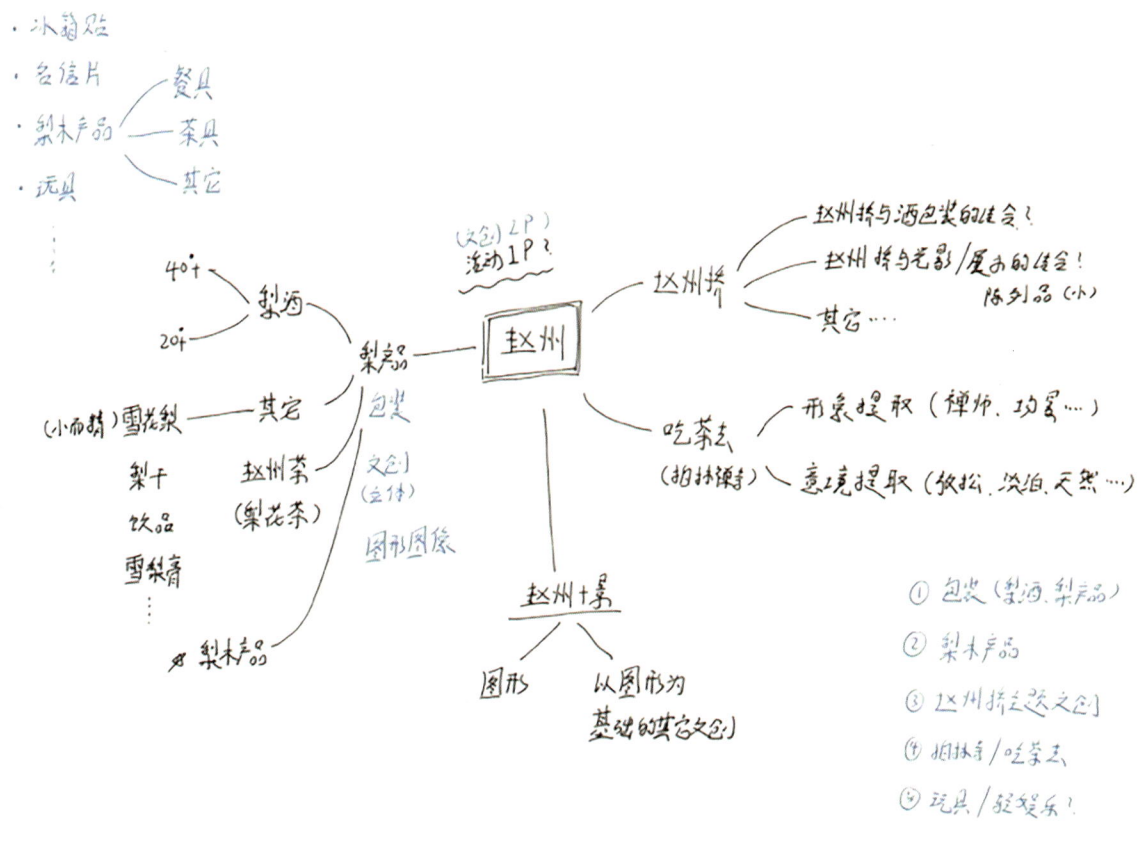

图 4-23 赵州思维导图

赵州桥作为国家级景区及全国重点保护的名胜古迹,以其桥身结构、桥身石雕、桥的四季美景等著称,取其代表元素,如桥身结构、桥身石护栏的柱头形态、寓意等,依托对应的载体,可以做成办公用品、家居用品等,如图4-24所示。

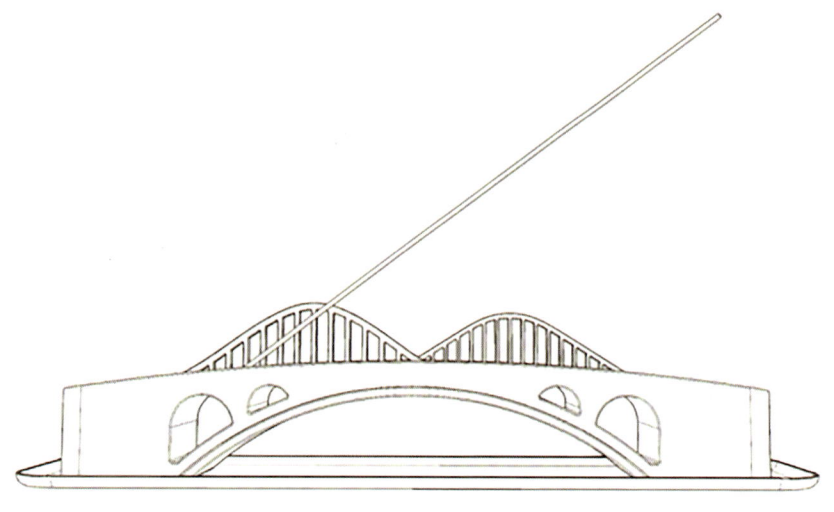

图 4-28　概念草图深化（2）

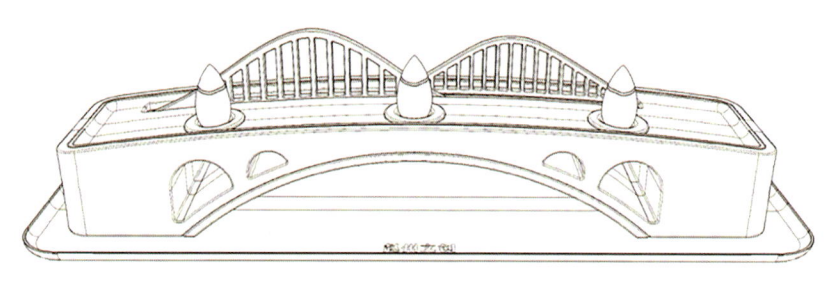

图 4-29　概念草图深化（3）

4.2.4　《礼遇赵州》文化创意产品设计作品呈现与展示

　　概念方案确定后，对于产品设计来讲，只有草图的形式是不够的，还需要更精确的设计及更真实的展示，这时就需要借助计算机软件来进一步表现设计。软件的使用可以很容易模拟出产品最终的结构与效果，通过参数的调整可以直观地感受到产品的变化，对于结构尺寸、材质可以方便地进行比较选择，有效地降低了制作打样成本，为后期产品的量产提供有力的保障。

　　常用的设计软件主要可分为平面类软件和三维软件两大类。平面类软件主要有处理矢量文件的 Adobe Illustrator（AI）和 CorelDRAW，还有常用的图像文件处理软件 Photoshop（PS）。矢量绘图软件在表现精准参数尺寸等方面比较好用，格式也可以和一些三维软件互通。Photoshop 这类软件在表现质感氛围等方面更为擅长，通常在绘制最后效果图时会用到。

　　三维软件常用的有 Rhinoceros（犀牛）、C4D、Blender、3D Studio Max、MAYA 等立体建模软件。还有 Solidworks 等一些功能全面、涉及结构与工程的设计软件，以及 Keyshot 等可以进行渲染、动画与动态演示的软件。对于软件的学习在前面内容有详细的介绍，这里不再赘述。下面是本案例设计在软件中制作和呈现的部分，本案例从建模到渲染呈现的实操过程可以通过扫描右方二维码观看。

　　按照设计草图，在 Rhinoceros 软件中建模，调整模型细节，使其达到设计要求，如图 4-30、图 4-31 所示。然后需要为模型添加材质，调整材质参数，如图 4-32、图 4-33 所示。调整材质后，需要进一步选择合适的光源，才能体现出真实的感觉。

微课：香插模型建模局部操作

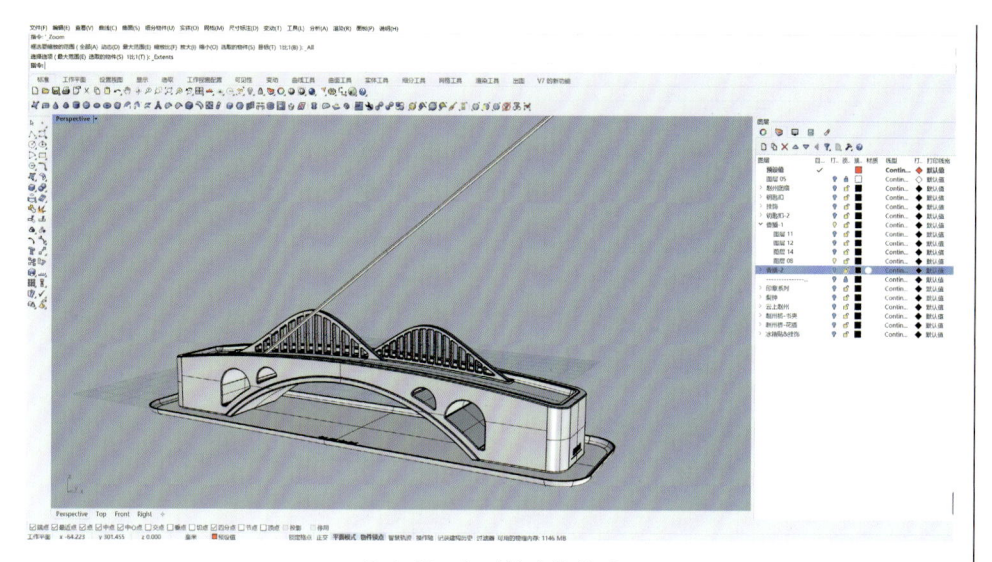

图 4-30　赵州桥香插模型

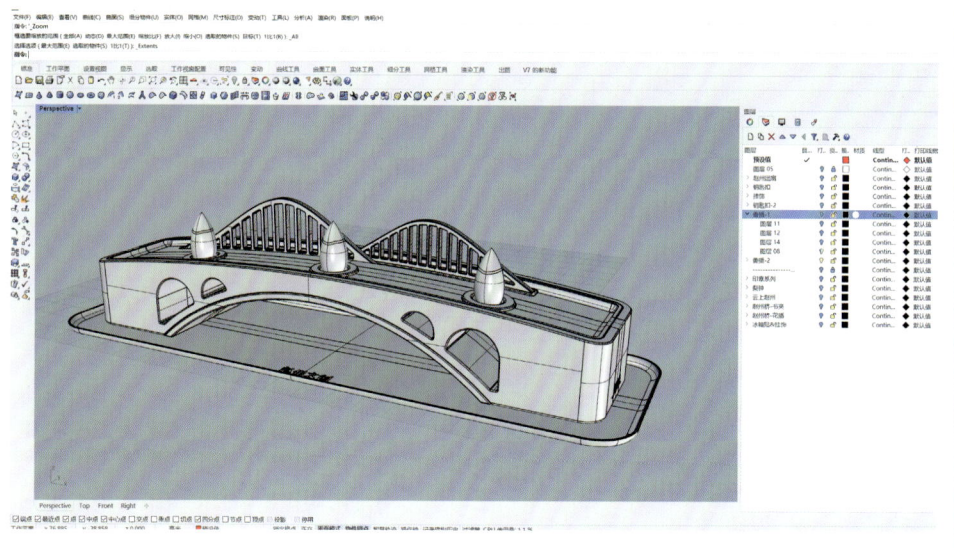

图 4-31　赵州桥香台模型

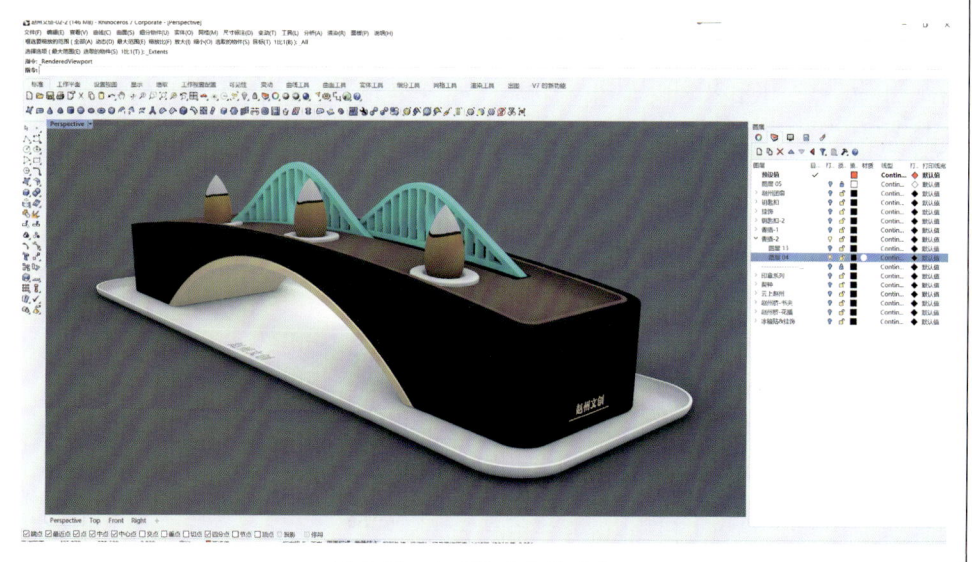

图 4-32　赵州桥香台材质选取

微课：材质、灯光与渲染表现

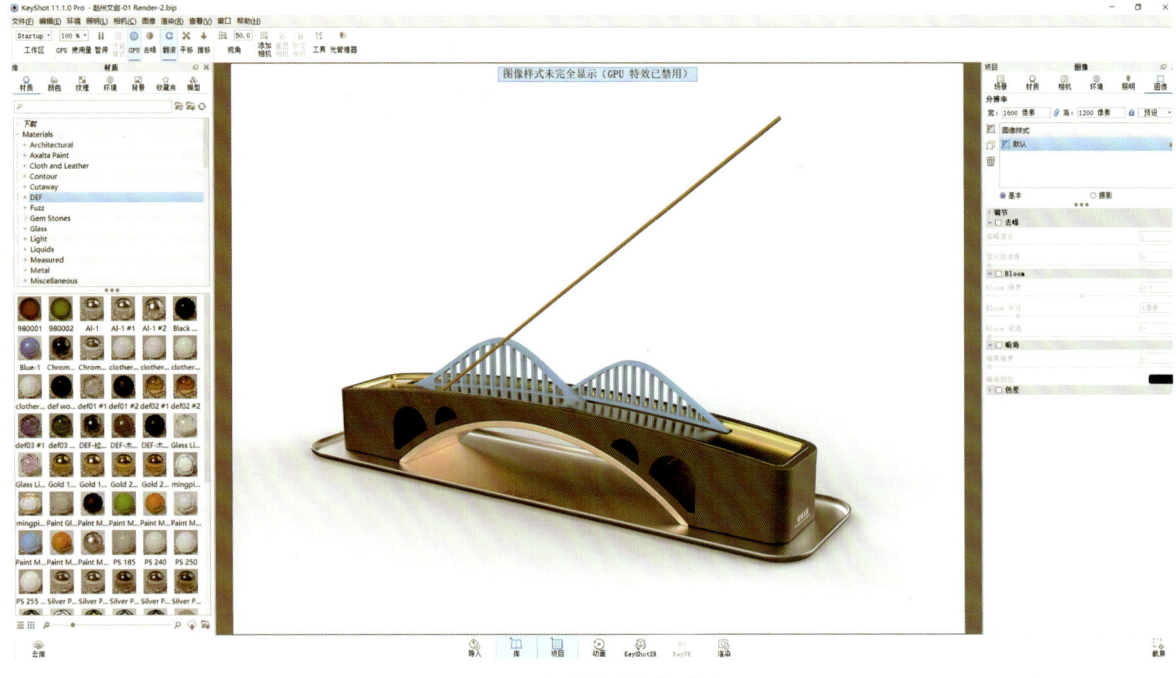

图 4-33 赵州桥香插材质选取

在调整好基本光源后，可以渲染导出产品图片，如图 4-34、图 4-35 所示，一般必须有一个或多个产品全貌图，也可以调整摄像机位置，输出几张能更好地展示产品和细节的局部图。

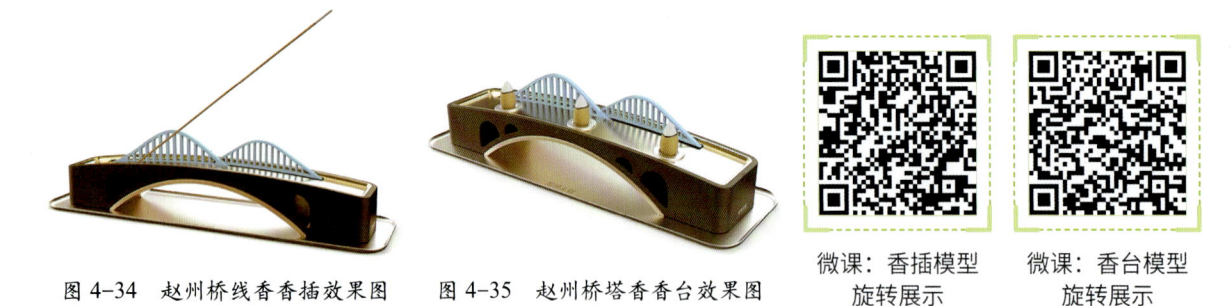

图 4-34 赵州桥线香香插效果图　　图 4-35 赵州桥塔香香台效果图

微课：香插模型旋转展示　　微课：香台模型旋转展示

通过产品效果图片，可以清晰地看到产品成型的样子，一个产品的设计需要从最初的概念想法逐步实现。单纯的产品图，可以满足设计表达最基本的需求，但对于呈现和展示还不够丰富，一般会将产品放在一个使用场景里，使产品展示更生动。如图 4-36～图 4-39 所示，附带产品使用和设计的细节说明，使产品呈现更全面。

图 4-36 赵州桥线香香插使用细节展示效果　　图 4-37 赵州桥线香香插展示效果

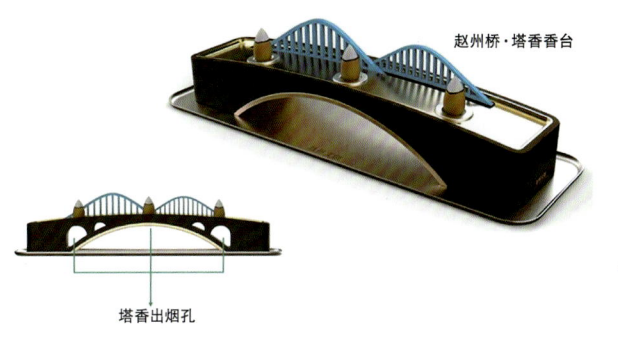

图 4-38 赵州桥塔香香台使用细节展示效果　　　　图 4-39 赵州桥塔香香台展示效果

以上就是较为完整的一个文化创意产品从提出概念到设计与展示的过程，方案确定后，就可以进入设计打样阶段，按照现有模型尺寸和各种参数，可以使用 3D 打印的方式制作样品，也可以单独开模具进行小批量的样品制作，不同的材质和样品精细度所需要的成本不同，这个可以根据实际需求选择。样品制作是对设计进行批量生产前的一次必不可少的检验过程，通过实物样品，可以结合成本等综合因素，选取合适的材质，将产品最佳的状态呈现在游客面前。

> **任务思考与实训**
>
> 1. 通过案例学习，描述制作赵州桥香器设计项目的设计流程。
> 2. 按照调研结果，寻找一个主题点做设计思维草图。
> 3. 熟悉软件使用，按照视频指导练习。

任务 4.3　旅游景区类文化创意产品设计项目总结与反思

通过前面的案例学习，对于旅游景区类的文化创意产品设计已经有了较全面的理解和认识，旅游景区类文化创意产品的设计开发，属于旅游文创的一个重要组成部分，城市文化体现在一个城市的历史人文、自然景观、风土人情等衣、食、住、行的方方面面，景区文化是所在城市文化中的一个承接点，景区在城市之下又有自己独特的风貌与文化属性。因此，在做景区文化创意产品时，需要根据景区特色和文化底蕴，确定产品的主题定位，使其既要与城市文化一脉相承，又要有自己的特色。

旅游景区类的文化创意产品设计可以从多个方面出发，包括纪念品、文化衍生品、互动体验产品等。对于文化创意产品的主题和载体选择，有以下一些建议：

（1）纪念品类：设计带有城市标志性建筑或景点的纪念品，如仿制明信片、冰箱贴、钥匙扣、T 恤等。这些纪念品可以通过图案、颜色等元素，突出城市的文化特色，强化游客对旅游景区的印象和情感联系，吸引游客购买。

（2）文化衍生品：将城市的特色文化元素融到产品设计中，如利用当地特产制作零食、茶叶、酒类等；或者设计以当地传统手工艺品为灵感的工艺品、装饰品等。

（3）互动体验产品：设计与旅游景区相关的互动体验产品，如 DIY 手工坊、文化体验课程、模拟体验活动等。这些产品可以使游客更深入地了解城市的文化底蕴，增加游览的趣味性和参与感。

（4）艺术品和创意作品：邀请当地艺术家或设计师创作与旅游景区相关的艺术品，如绘画、雕塑、手工艺等，展示城市的艺术和文化魅力。

在设计旅游景区类文化创意产品时，需要考虑产品的实际销售需求、游客的兴趣爱好，以及产品的原创性和创意性，从而打造具有吸引力和市场竞争力的产品。

> **任务思考与实训**
>
> 1. 在旅游景区文化创意产品开发中，文创设计的主题有哪些类型？
> 2. 在文化创意产品设计中，景区的视觉元素如何提炼组合？
>
> 问题解析

项目评价

根据自己的学习情况完成下面的表格，根据自己的掌握情况填涂〇，以便后面查漏补缺。

学习情况自我审查一览表

学习目标		我的理解程度（要领概括）	掌握情况
知识目标	了解景区文化创意产品的基本流程与方法		〇〇〇〇〇
能力目标	能够根据确定的设计方向进行景区文化创意产品开发		〇〇〇〇〇
素质目标	培养自觉遵守行业规范的职业精神		〇〇〇〇〇
学习收获与心得			
学习难点与解决方案			
学习自我评价			
教师评价			

案例拓展

一、赵县梨"梨-离计时器"文创产品设计

赵县雪花梨是赵县特产之一，结合调研素材和雪花梨的外形，设计师采用了梨和"离"的谐音，以"梨（离）……只有几分钟"的概念设计了一款计时器。可以配以不同的趣味贴纸，装饰定制自己的计时器。下面让我们扫码来欣赏这款《梨-离计时器》文创产品设计。

任务思考与实训

1. 关于赵县梨还可以想到哪些文创设计产品？
2. 关于梨的文创自拟一个设计方向进行练习。

二、赵州桥儿童积木文创产品设计

根据赵州桥特色元素及设计方向展开设计，以赵州桥桥梁文化为主题，采用赵州桥的外形和结构进行设计，按照"敞肩拱"的结构形式，用梨木制作可拼接的木质积木，打磨光滑，在亲子游戏中，传承赵州桥桥梁文化。下面让我们扫码来欣赏这款《赵州桥儿童积木》文创产品设计。

任务思考与实训

1. 关于赵州桥的玩具设计还可以想到哪些文创设计产品？
2. 关于赵州桥玩具自拟一个设计方向进行练习。

三、《礼遇赵州》金属书签及周边文创产品设计

通过对景区城市特色元素的归纳，提取赵州桥、石刻、柱头、荷花、梨花等设计元素，整合成以赵州桥形象为主体的国风插画，还原赵州十景里的"北沼荷香"景象，以及春日赵县梨花节"玉树琼花"的赏心悦目景象，并把插画运用到赵州桥周边创意产品中。文创产品的载体选择文具、饰品、家居用品等贴近生活的日用品，成为游客首选的馈赠亲友的伴手礼。下面让我们扫码来欣赏这套《礼遇赵州》金属书签及周边文创产品设计。

任务思考与实训

1. 关于赵州桥景色还可以有什么不同的元素组合？
2. 小组讨论后练习画一幅不同风格或不同元素组合的插画。

项目 5 主题文化创意产品设计

——保定名小吃《保定驴火》文创产品全案设计项目实践

项目导读

文化是文创产品设计的核心。在进行文创产品的设计时，需要以合适的文化内容为基础，进行设计的拓展与创新。在这个过程中，"主题文创"是一种以特定主题或文化元素为核心，推动文创设计发展的概念。这一概念以某一特定的主题为纽带，将文化与创意相结合，创造具有文化内涵和创意价值的产品、服务和体验。

通过前面内容的学习，已经学会了在文化创意产品设计中，如何通过研究和提取，如博物馆、旅游景区等文化元素，来进行设计的各种思路、方法与流程。在设计方法上，主题文创仍然延续了所学到的各种知识，但是在具体的设计实施过程中，主题文创与指定的主题元素间的结合更加紧密，也更加具有目的性。在本节中，将以河北保定地区的地方名吃"驴肉火烧"为主题，如图5-1所示，通过讲述《保定驴火》文创产品设计项目案例，进一步探讨"主题文创"的设计思路与流程。

图5-1 《保定驴火》主题文创设计项目

本节内容首先对"主题文创"的概念及不同的外延进行介绍与案例鉴赏，从同类主题文创产品中筛选出具有代表性的节日庆典、体育赛事两个系列的主题文创产品设计进行赏析。然后重点解析以地域文化为主题的《保定驴火》文创设计项目，通过对整个设计流程及不同的设计元素部分进行拆解与串联，使学生能够从局部入手，由点到面地了解与掌握主题文创产品设计的思路及流程。在本节后续的案例拓展中，展示了另外三款主题文创产品设计，从不同的角度对主题文创的知识内容进行拓展与补充。

学习目标

1. 知识目标

（1）了解主题文创产品的设计流程与方法，掌握从标志或核心元素出发进行设计拓展的基本思路。

（2）熟悉主题文创的发展动态，通过同类案例和经验的学习，能够借鉴先进的设计理念和实践经验。

2. 能力目标

（1）具备针对特定主题进行市场分析和产品定位的能力，为设计主题文创产品提供市场与用户角度的支持。

（2）能够参考主题文创的设计流程与方法，进行相关文创产品的创意构思和设计。具有包括标志与核心元素、标准色、辅助图形、应用设计等方面的设计能力。

3. 素质目标

（1）培养开放创新意识，培养在主题文创产品设计中敢于尝试新思维、勇于突破创意局限的意识。

（2）培养团队合作意识，强调文创产品对社会的影响，培养社会责任感，注重可持续发展和社会效益。

任务 5.1　主题文化创意产品设计案例赏析

主题文化创意是指以特定主题为文化核心进行设计创作，一般具备较强的目的性。根据主题的类型不同，主题文创可以被分为"节日纪念活动主题""体育赛事活动主题""商务活动主题""地域文化主题""市集活动主题"等不同形式。不同主题能够衍生的设计需求是不同的，因此，在进行主题文化创意设计之前，可以通过考察相关类型主题设计项目的方式进行相关设计需求的梳理。

5.1.1　清华大学 110 周年校庆主题文创设计

"节日纪念活动主题"文创主要应用于节日或具有特定纪念意义的活动中，一般有效周期较短。其设计思路可以围绕着节日活动相关的文化特色、风景特色、民俗特色等内容展开。

如图 5-2 所示的清华大学 110 周年校庆系列文创设计，整个设计围绕着校庆 110 周年的主题展开，由清华大学美术学院的教师团队进行活动的整体形象设计。其标志使用了阿拉伯数字和校徽组合的形式，三圆同心与方形的线条共同构成标志的和谐秩序，整体形象采用清华大学的校色——紫色，并增加了渐变光感，既营造了大气庄重的氛围，也体现了活泼灵动的视觉效果。

以校庆活动的需求为核心，如图 5-3 所示，该主题系列的文创产品设计以标志、颜色、辅助图形设计为基础，向外延伸出了徽章、服装、文具套装、书本、绘画工具、丝巾等不同类别的文创纪念品，为校庆纪念活动带来了专属的仪式感，同时，也对外展现了清华大学传承和创新的文化内涵。

图 5-2 清华大学 110 周年校庆主题文创的标志与辅助图形

图 5-3 清华大学 110 周年校庆主题文创纪念品

5.1.2 北京冬奥会主题文创设计

体育赛事是竞技体育的主要活动形式，尤其是亚运会、奥运会、足球世界杯等具有重大影响力的体育赛事，其活动内容与相关的主题文创设计密不可分。

北京冬奥会作为大型国际体育赛事，是我国向世界展现国家实力和中国文化的重要方式。如图 5-4 所示为北京冬奥会的会徽，以汉字"冬"为灵感来源，运用中国书法的艺术形态，将厚重的东方文化底蕴与国际化的现代风格融为一体，呈现了中国式现代化的美好风貌。其吉祥物"冰墩墩""雪容融"分别以"熊猫"和"灯笼"为原型进行设计，一经发布，就得到了全社会的好评，在创新中传承着中国文化。

图 5-4　北京冬奥会会徽与吉祥物设计

北京冬奥会的周边文创产品内容涵盖两千多个品类，大多基于吉祥物与标志两个方面进行设计。在吉祥物的延伸产品中，可以看到使用吉祥物形象做出来的挂包、摆件、玩偶、钥匙扣等各种文创产品类型（图 5-5）。

图 5-5　以"冰墩墩"为元素的北京冬奥会纪念品

除以标志、辅助图形、吉祥物等设计为基础的主题文创设计外，部分主题文创产品也会根据活动内容、地域风景等元素进行拓展设计。如图 5-6 所示的首饰设计，就是以冬奥会的雪花图形为元素进行的设计拓展。在冬奥会的活动中，各种不同类型主题文创纪念品的设计，一方面对冬奥会的形象元素进行了全方位的推广，为冰雪运动的普及做出了贡献；另一方面为该次活动带来了更多的经济效益。

图 5-6　北京冬奥会首饰设计

> **任务思考与实训**
>
> 1. 通过案例分析，小组讨论在主题类文创产品设计中，哪些类型或部分是设计的核心。
> 2. 围绕所赏析的案例，举例说明主题文创产品对主题活动有什么样的促进作用。
>
> 问题解析

任务 5.2　《保定驴火》文创产品设计案例精析

5.2.1　保定驴火标志、标准色与标准字设计

在主题文创设计中，标志、色彩及字体是设计的核心，可为整个系列的设计奠定基础。为了完成这一部分的设计内容，在具体设计之前，要针对产品主题"保定驴肉火烧"进行调研和定位。

针对该项目主题的地域特色，首先可以从城市的角度出发，对保定的地域文化符号进行梳理与选择。河北省保定市又称为上谷、保州、保府，位于河北省中部偏西，历来为京畿重地和首都南大门，春秋战国时期为燕国的都城，燕赵大地由此而来。到了清代，直隶巡抚由正定移驻保定，保定由此作为直隶省会。悠久的历史造就了保定极具特色的地域文化。如图 5-7 所示，保定城市内仍留存着很多名胜古迹，如古莲花池、直隶总督署等。

PPT:《保定驴火》文创产品设计案例展示

微课：品牌调研与产品定位

古莲花池　　　　　　　　　　　　　　　直隶总督署

图 5-7　保定市的名胜古迹

除此之外，保定还有着很多名山名水、名吃名产。保定的驴肉火烧就是其中之一，如图 5-8 所示，即把熟驴肉夹到火烧里食用。火烧口感酥脆，驴肉肥而不腻，回味醇厚，是具有招牌特色的保定地域美食。

图 5-8　保定驴肉火烧

根据驴肉火烧的产品特征，设计团队从"保定驴肉火烧"的品牌形象中提取出了"营养""健康""鲜美""知名度高"这几个关键词，并根据历史资料和品牌形象设计了四个广告语，如图 5-9 所示，分别从网络名词、口味特色、人情味和形象传播四个角度进行撰写，以此作为设计传播过程中的重要信息进行呈现，同时，也可为后面的设计定下总方向。

广告语

1. 人民体质要加强，驴肉火烧加板肠。
2. 色鲜味美肉细嫩，酥脆可口不腻人。
3. 保定驴火——古城里的美食
4. 保定新形象，驴火分外香。

图 5-9　《保定驴火》的广告语设计

标志是整个设计方案的核心和内涵，影响着之后一系列的品牌形象设计及文创产品设计。在进行标志设计时，可以从美食造型、保定文化、风土人情等内容中提取具有代表性且能够转化为图形的元素，并将其形象应用在之后的设计中。如直隶总督署的古建筑形象、古莲花池的莲花纹样、驴肉火烧的图形特征等，都能作为之后的设计依据和灵感来源。

微课：保定驴火标志设计

经过设计团队对保定地域文化及驴肉火烧特色的探讨，最终《保定驴火》的品牌标志由图形和文字两部分组成。以文字作为主体，保证标志的可识别性与传播性，同时以图形作为搭配，突出标志背后的文化特色。如图5-10所示，图形的上半部分提取了直隶总督署内古建筑的形象特征，将屋顶、房梁、檐柱及牌匾进行抽象化处理，形成了完整的图形结构；标志的下半部分则是源于古莲花池的莲花元素，如图5-11所示，通过提取古莲花池中莲花的造型，结合传统图案中的对称美学进行图案的勾勒。

图 5-10　基于古建特征设计的标志上半部分造型

图 5-11　基于莲花造型设计的标志下半部分造型

中间的字体设计是该款标志的核心，如图5-12所示，字体以楷体作为基本的字形架构，同时调整笔画特征，将火焰的形态融到字体中，借以表现驴肉火烧制作过程的视觉效果。同时，该字体设计也可作为整套设计的"标准字"进行后续的应用。

图 5-12　加入火焰形态细节的《保定驴火》字体设计

最后设计团队将制作好的图形和文字放到一起进行排版，调整图形与文字的大小比例关系，增添如左右两边的四字对联、字体中心放射出来的线条以及保定驴肉火烧的英文等细节，进行设计完善。如图 5-13 所示为设计中的软件展示效果，标志的设计一般使用类似 Adobe Illustrator 的矢量绘图软件制作，以保证在使用过程中的清晰度。

图 5-13　《保定驴火》标志设计的矢量绘图软件界面

标准色是文创设计中的主要应用颜色，代表了系列产品对外宣传及拓展设计时的主色调，是之后文创产品设计需要沿用的基本准则。标准色一般应该与其他同行进行区分，并且使用的颜色要符合品牌调性，方便传播与应用。《保定驴火》作为一个食品类品牌，在色彩的选择上应该选用能激发消费者食欲的颜色，针对这种品牌形象和消费者心理，设计团队最终选用了橘红色系作为主色调。并且考虑到品牌绿色、环保、健康的经营理念，根据色彩心理与搭配美学，在绿色系颜色中选择了比较深的暗绿色，与橘红及相近颜色淡黄进行搭配，使整个系统更加和谐、明亮。如图 5-14 所示，由于需要线下物料的制作，所以在确立色彩之后，需要在旁边标明印刷色（CMYK）和色光表色（RGB）的具体数值，以方便在生产时与标准色卡进行对照，保证色彩的统一。

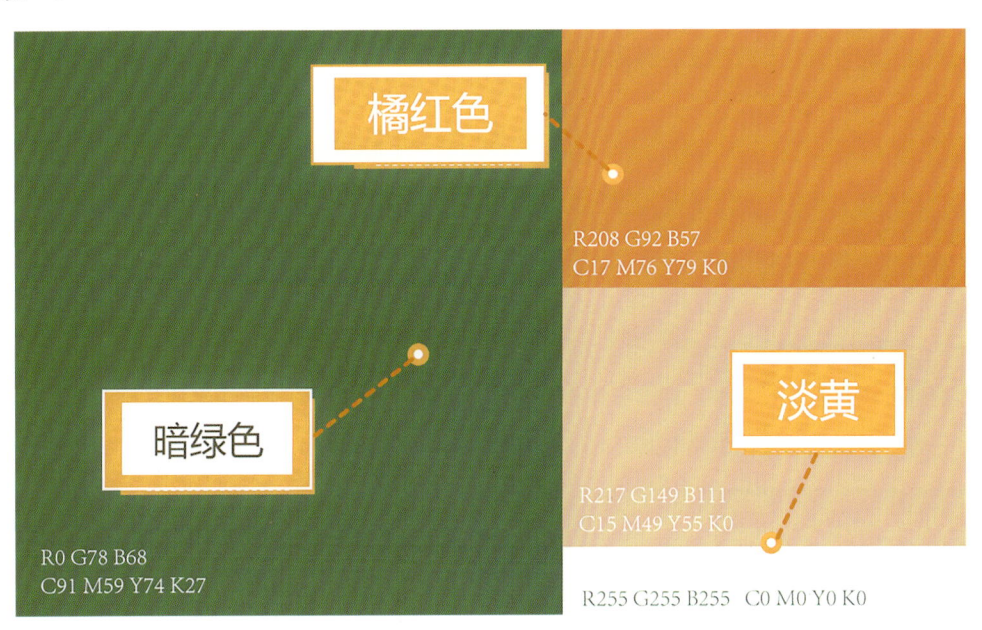

图 5-14　标准色搭配及色号

如图 5-15 所示为结合了标准色与标志形态的整体设计方案效果。该方案的设计调性作为整款设计的核心，贯穿项目始终。在标志设计中，设计团队提取了保定的地域文化，又加入了驴肉火烧需用火烤的制作特征，两者结合，形成了既能代表保定地区又符合食品特色的标志图形。

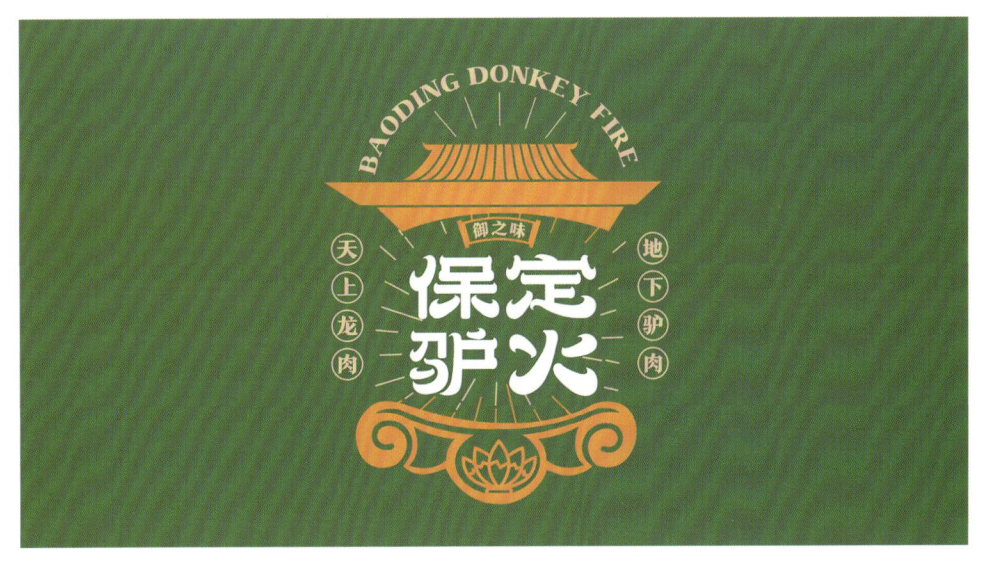

图 5-15　《保定驴火》标志设计

5.2.2 《保定驴火》辅助图形设计

辅助图形可以是某种具象的物品，也可以是代表某些概念的抽象形态，主要用来作为品牌形象的辅助识别，避免单纯的标志应用给人以单调感。在主题文化创意产品设计中，辅助图形可以用来丰富形象，调整版面布局，强化形式感，使设计更加有趣生动，从而引起消费者的注意。

在具体的设计中，辅助图形并不是毫无意义的装饰性图案，而应选择与主题元素密切相关的内容并加以抽象概括，形成有意义的图形。在《保定驴火》文创产品设计中，设计团队选择了与驴肉火烧制作技艺相关的元素作为辅助图形进行呈现。如图 5-16 所示分别是代表食品的舌头、不同形象的锅具和制作火烧的厨具。

微课：标准色、辅助图形设计

图 5-16　《保定驴火》辅助图形呈现

在具体的辅助图形设计过程中，可以参考相关的图片素材，将其作为图形绘制的基础。如图 5-17 所示，设计团队将一张厨具锅的照片作为绘制图形的辅助素材，参考其形态与比例进行规范化的图形绘制。

图 5-17　使用矢量软件绘制辅助图形

将辅助图形绘制后，就可以结合标志、标准色、辅助图形进行一系列的文创产品设计了。值得注意的是，在同一系列产品中，辅助图形的应用方式应该是一致的。如图 5-18 所示为将辅助图形作为背景与标志一起应用的展示效果。从图中可以看到，其辅助图形的位置、角度、与背景的颜色搭配等都是相同的。这种构图上的一致性可以形成产品的系列化，也便于人们识别和记忆。

辅助图形设计使用

图 5-18 辅助图形的设计应用与构图一致性

5.2.3　保定驴火应用要素设计

在具备了标志、标准色与辅助图形等基本设计元素后，就可以利用这些图形元素开发各类具体的文创应用产品。在进行产品的设计拓展时，各种视觉设计要素在产品上的组合关系一旦确定，就应该严格固定，以达到通过统一性与系统化，从而加强视觉冲击力、形成固有视觉形象的作用。

针对不同的主题类型，设计的应用要素也各有不同，具体的应用要素包括徽章、名片、信封、手册等小型产品，以及适用于室外的旗帜、海报、车辆涂装等不同方向。"保定驴肉火烧"作为与食品相关的地域品牌，其应用要素应围绕着与餐饮相关的产品展开，如饭盒、餐具、包装盒、食品袋等。

如图 5-19 所示为《保定驴火》的宣传海报设计。设计团队结合了上述辅助图形的构图方式，并突出了标志及主题字体，使构图更加适合海报的应用尺寸。同时，结合构图时的背景需求，设计团队绘制补充了驴肉火烧的插画图形作为背景衬托。

同时，海报的设计构图方式也可适用于不同的应用产品，结合标准颜色与辅助图形，进行尺寸上的变化，进而拓展出不同的应用产品。如图 5-20 所示为简易手提袋的设计方案，将两张海报图形作为手提袋的正反两面进行应用。

微课：应用要素设计

图 5-19　《保定驴火》应用要素设计——宣传海报

图 5-20　《保定驴火》应用要素设计——简易手提袋

帆布包受布面印刷工艺的影响，印刷色彩与图案相对受限。如图 5-21 所示，设计团队在进行相关设计时，仅应用了单色的标志作为帆布包的图案元素，在突出品牌的同时，也具有便于加工、降低生产成本的优势。

图 5-21　《保定驴火》应用要素设计——帆布包

产品的包装礼盒一般较大，在进行礼盒产品设计时，可结合预定的标准颜色与辅助图形应用方式，针对礼盒尺寸进行拓展。如图 5-22 所示，其设计方案保留了包装中心位置的标志元素，使用辅助图形与标准色进行搭配，拓展了周围的应用面积。

图 5-22　《保定驴火》应用要素设计——包装礼盒

5.2.4　保定驴火文创产品设计作品呈现与展示

"保定驴肉火烧"作为一个知名的地域饮食品牌，具有极强的可扩展性。因此，以饮食类应用产品为基础，设计团队还设计了一系列文创应用产品，以形成设计的系列化。例如，以饮食为主的餐盒、纸巾袋、饮料杯、优惠券等，以及可进行商业拓展的明信片、橡皮、笔记本、日历等可以表现品牌文化的系列文创产品，使整个品牌宣传具备系统化的视觉符号，能够加深消费者对品牌的记忆力，增强消费者对品牌的认同感，提升品牌效益。如图 5-23～图 5-25 所示为该系列文创产品的系列化呈现。

微课：产品设计综合呈现

图 5-23　《保定驴火》文创产品设计系列化呈现——堂食系列

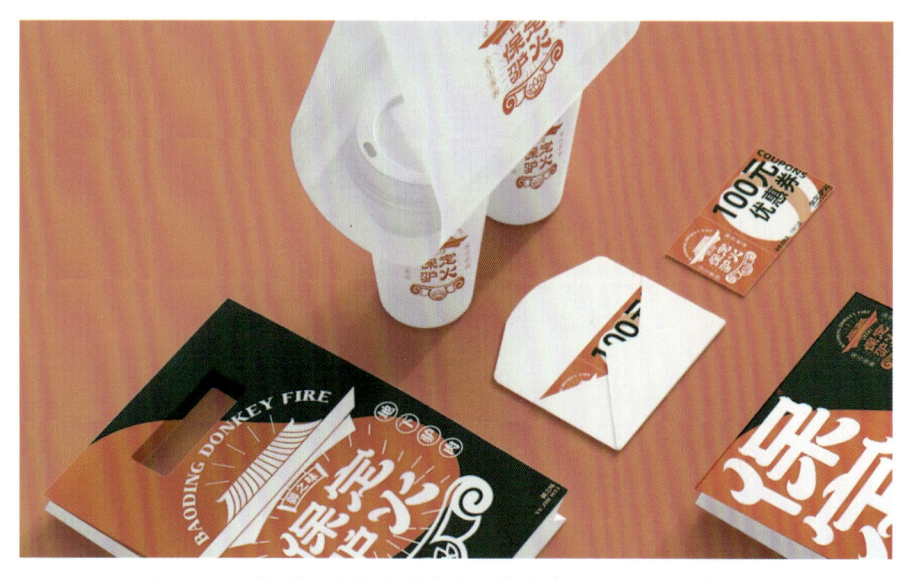

图 5-24　《保定驴火》文创产品设计系列化呈现——外卖系列

图 5-25 《保定驴火》文创产品设计系列化呈现——办公系列

> 任务思考与实训
>
> 1. 结合《保定驴火》案例，以文字或思维导图的方式描述主题文创产品设计的流程与前后关系。
> 2. 以当地某一美食为主题，尝试分析其特点并进行标志或核心元素的设计。

任务 5.3　主题文创产品设计项目总结与反思

通过前面的案例学习，已经对主题类文创产品的设计有了初步的理解与认识。在设计流程与方法上，主题文创产品设计延续了文创产品设计的一般思路，在具体的调研、绘图、加工等方法上与其他类型的文创产品设计趋于相同。

但由于主题类文创产品的设计带有强烈的目的性，大多是为了某一特定主题活动或品牌宣传所做的文创拓展，且带有商业属性。因此，在进行主题文创设计之前，需要首先了解设计的主题背景与所面对的目标人群，以确定设计的整体基调。

在进行具体的方案设计时，如图 5-26 所示，主题文创产品设计可以按照以下步骤与思路进行展开：第一，进行主题调研，提取相关的可设计元素；第二，结合主题特色，进行核心元素的提取，并设计标志或核心元素；第三，进行标准颜色的定义，有必要时，需要针对不同的使用环境（如白天、夜晚等）定义不同的颜色搭配；第四，进行标准字体的设计，并定义与主题风格一致的应用字体；第五，进行辅助图形的设计，辅助图形可用于配合标志或核心元素进行各种设计应用，也可配合颜色搭配单独使用；第六，针对目标人群的需求，进行设计应用的拓展。

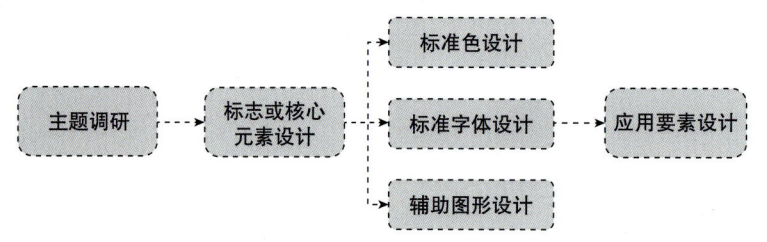

图 5-26 主题文创的设计流程简图

表面上，主题文创的呈现方式具有一定的趋同性，这使部分设计师在进行主题文创设计时，往往将其作为标志设计或图案设计的应用拓展，而忽视了该类文创产品与用户间的关系，以至于出现设计与主题脱轨、产品与用户脱轨的现象。因此，在进行主题文创设计时，应该注意以下几点：

（1）注意针对主题内容进行调研与分析：针对活动或文化等主题，可以从地域环境、精神内涵、历史文化等多方面寻找与主题相关的可契合点，将抽象的主题内容具象化，并能够将其以图像的方式进行呈现。

（2）注意主题所面向的用户需求：针对不同的用户群体，主题文创应带有鲜明的目标性，即针对与主题相关的用户群体进行调研，分析其所需要的产品类型，并进行后续的应用设计。在具体的实施过程中，除常见的文创产品外，与主题文创相关的产品设计也可拓展为针对主题特点所进行的环境或空间装置设计。例如，在主题活动中，以条幅或彩旗的方式烘托活动气氛等。

（3）注意设计的整体性与一致性：由于主题文创往往会以系列的方式进行呈现，因此针对图形、颜色、文字等元素的应用应保持一致。这也需要在设计中针对标志、标准色、标准字体、辅助图形等元素进行规范化的定义，并在应用设计中沿用所定义好的规则。

参考以上设计流程及需要注意的事项，可以更为精准地将重心聚焦在主题元素与目标用户这两个核心元素上，从而建立起主题文创产品与用户之间的良好链接关系，使对应的文创产品能够得到用户的认可。

任务思考与实训

1. 选择某一特定主题文创设计案例，结合设计流程阐述其中各个设计部分之间的关系，包括标志、色彩、辅助图形、产品应用等。
2. 在主题文化创意产品设计中，核心元素的提取应注意哪些方面？

问题解析

项目评价

根据自己的学习情况完成下面的表格，根据自己的掌握情况填涂〇，以便后面查漏补缺。

学习情况自我审查一览表

学习目标		我的理解程度（要领概括）	掌握情况
知识目标	掌握主题文化创意产品的设计流程与方法		〇〇〇〇〇
能力目标	能够进行主题文化创意产品的创意构思和设计应用		〇〇〇〇〇
素质目标	具备开放的创新精神与团队合作意识		〇〇〇〇〇
学习收获与心得			
学习难点与解决方案			
学习自我评价			
教师评价			

案例拓展

一、兔年《兔吉》文创产品设计

兔吉文创产品的设计灵感来源于中国传统节日——春节。设计团队以一个在月球工作的打工人"兔吉"的视角为出发点,构建了春节返乡的场景,将故事融入以春节为主题的文创产品设计中,引发人们的情感共鸣。下面让我们扫码来欣赏这款兔年《兔吉》文创产品设计。

任务思考与实训

1. 以新年为主题,通过文字或思维导图的方式尝试举例有哪些可拓展的文创设计方向。
2. 以新年为主题,自拟方向进行主题文创练习。

二、《驴妈妈》文创产品设计

该款文创产品设计方案是《保定驴火》主题文创设计项目的另一个拓展方向。在研究整理了保定驴肉火烧的美食特色后,设计团队对"地方美食平易近人"的特色进行了延展,将驴的形象进行卡通化。下面让我们扫码来欣赏这款《驴妈妈》文创产品设计。

任务思考与实训

1. 讨论分析《驴妈妈》案例与章节中《保定驴火》案例在设计方向上的相同点,以及具体所面向人群的不同之处。
2. 以"保定驴肉火烧"为主题,自拟设计方向进行主题文创练习。

三、雄安《雄途在握》文创产品设计

雄安新区位于河北省中部,是深入推进京津冀协同发展的核心地域,雄安新区的规划建设包含建设绿色智慧新城、打造优美生态环境、发展高端高新产业各个方面。该主题文创产品系列以"雄安新区的发展建设"为主题,设计团队经过针对主题的探讨分析,将其命名为《雄途在握》。下面让我们扫码来欣赏这款《雄途在握》文创产品设计。

任务思考与实训

1. 结合案例与背景资料,思考以雄安为主题进行文创设计,应该注意突出哪些方面。
2. 尝试以自己所了解的某一个现代都市为主题,进行文创产品设计的思维练习。

项目 6　AIGC（人工智能创意生成）在文创产品设计中的应用

——定瓷《山海经》文创产品全案设计项目实践

项目导读

在文创产品设计领域，人工智能创意生成（AIGC）的应用正逐渐成为引领创意潮流的新方式。本节将深入探讨 AIGC 在文创产品设计中的革新性应用，从理论到实践，探讨如何借助人工智能的力量挖掘文化元素、创造独特主题、辅助创意生成，以及如何在设计过程中结合 AIGC 技术实现个性化、定制化的创意成品。通过案例分析和实践成果，揭示 AIGC 如何成为设计师的得力助手，为文创注入更深层次的智慧和创新。我们将走进 AIGC 与文创设计的交汇点，挖掘其潜力，启发创意思维，为文创产品设计带来崭新的可能性。

本项目首先介绍了 AIGC 技术及常用的平台工具，从不同的角度分析了 AIGC 技术在文创产品设计领域的应用与发展前景，并介绍了利用 AIGC 工具进行文创产品设计的创意训练方法。然后通过案例的方式，重点解析了 AIGC 辅助定瓷《山海经》文创产品设计项目，着重拆解了 AIGC 在设计中的应用流程及创意生成方法，展示了 AIGC 技术在文创产品设计中强大的创意辅助能力。在本节后续的案例拓展中，展示了另外三个角度的 AIGC 辅助创意生成项目，拓展了相关的设计视野及创新意识。

学习目标

1. 知识目标

（1）了解 AIGC 的概念及与文创产品设计的关系，掌握借助相关平台工具进行设计拓展的基本思路。

（2）掌握不同 AIGC 平台工具在文创产品设计中的应用，以及创意生成的流程及方法。

2. 能力目标

（1）具备使用 AIGC 相关工具辅助进行创意设计的能力，能够为文创产品设计提供支持。

（2）能够借助 AIGC 相关工具，通过文生图、图生图等方式进行文创产品设计的创意生成。

3. 素质目标

（1）培养设计与新技术接轨的前沿意识，培养在文创产品设计中勇于创新的意识。

（2）培养在创新过程中进行学科交叉的意识，培养灵活应用各项技术辅助进行设计创新的意识。

任务 6.1　AIGC 与文创产品设计

6.1.1　AIGC 技术与常用的平台工具

AIGC（人工智能创意生成）可以被通俗地理解为一种利用人工智能算法生成各种内容的技术。AIGC 通过对大量数据进行收集和算法训练，来学习人类语言及绘画等行为的特征，并帮助人们快速而高效地生成大量具有创意性的内容，提高人们的工作效率并提供灵感来源。

微课：AIGC 与文创产品设计

2023 年以来，AIGC 现象级爆火，使人们经历了一轮对 AIGC 高度智能化的认知重塑，AIGC 在包括文创产品设计在内的各个领域飞速发展。虽然 AIGC 的概念仅是近年来提出的，但相关人工智能（AI）技术的发展并非是一蹴而就的。早在 1950 年前后，人工智能便已随着计算机技术的发展而逐渐成形，并不断更新迭代。随着算法与计算机性能的升级，人工智能从早期的人机交互对话、特殊领域的专业辅助等功能，逐步发展到商业应用方面的大数据挖掘与分析，直至所看到的 AIGC（表 6-1）。一直以来，人工智能及背后的各种算法在不断地影响着人们的生活。

人工智能（AI）的简要发展史见表 6-1。

表 6-1　人工智能（AI）的简要发展史

年份	发展史
1950年	图灵测试提出，人工智能（AI）开始受到关注
1956年	达特茅斯会议举行，"人工智能"的名称与概念正式确立，该会议被视为AI的起点
20世纪60年代	人工智能开始在模式识别、人机对话等方面取得一定的进展
20世纪70年代	人工智能开始在专家系统方面发展，可以帮助人们解决一些复杂的专业问题
20世纪80年代	人工智能开始应用于机器视觉、自然语言处理和机器学习等领域
20世纪90年代	人工智能开始应用于数据挖掘和分析等领域，这是AI在商业应用方面的重大突破
2000年	深度学习和神经网络等技术逐渐成为AI的核心，AI在图像识别、自然语言处理和语音识别等领域取得了显著的进展
21世纪10年代	深度学习算法"生成对抗网络"（GAN）推出并迭代更新，助力AIGC新发展
2022年	AIGC概念正式提出，标志着AIGC时代的到来

目前，AIGC 已涉及文字、图像、音乐、影视等各个领域，是当前计算机及人工智能领域最令人瞩目的技术之一，并已逐渐成为各个领域的创作助手。在此基础上，一些领先的科技公司如 OpenAI、Google、Adobe 等，纷纷推出了一系列能够引领潮流的人工智能创意生成产品，为创意生成提供了更广阔的空间，并推出了一系列领先的平台，如 ChatGPT、Midjourney、Stable Diffusion 等。

同时，我国的科技公司正在该领域迅速崛起，包括百度、阿里、腾讯等。例如，讯飞星火、文心一言、通义千问等，都是我国自主研发的人工智能，而且是包括设计在内的各个领域的代表。

6.1.2 AIGC 技术在文创领域的应用案例分析

随着人工智能的飞速发展，AIGC 技术在诸多领域都展现出了众多的应用潜力。尤其在文创领域，在 AIGC 的助力下，设计师可以快速地进行设计思路的整理，并能不断进行设计方向的发散和聚焦。这使原本需要长时间进行尝试和探索的设计过程可以极大地被加速，更快、更好地呈现创意。

在应用案例的方向上，以文创潮玩为主体的立体造型产品是该技术得以发挥的一个重要舞台。借助 AIGC 技术，设计师可以依据市场趋势和个人喜好，创造出富有个性和独特风格的设计。如图 6-1 所示，通过聚焦关键词到不同的设计风格与方向，设计师可以将类似的主题元素快速拓展为不同的产品方向，以便判断方案的可发展价值并进一步进行细化，这使文创设计的效率大大提高。

图 6-1 AIGC 生成不同风格与主题的设计方案

（a）宝可梦风格山海经灵宠系列；（b）定瓷风格山海经神兽系列；（c）3D 打印山海经写实系列；（d）东方意象山海经系列

根据消费者或选定目标人群的喜好与特点，设计师可以进一步聚焦设计方向。例如，选择以萌系潮玩为方向，以中国传统神话中的"凤凰"为主题，设计师可以进一步生成如图 6-2 所示的潮玩图片，为文创设计提供助力。

PPT：AIGC 与文创产品设计

图 6-2 以"凤凰"为主题，AIGC 生成潮玩设计方案

同时，受益于 AIGC 技术，在平面的插画领域中，传统的手绘过程可以被数字化的方案所替代。在不同的绘画风格模型的加持下，设计师能更高效地实现个性化的创作需求，大大节省了时间与人力成本。如图 6-3 所示，以《山海经》的"凤凰"为主题，由 AIGC 快速生成的文创插画可以直接应用于产品，或为设计师提供创作灵感。

图 6-3　以"凤凰"为主题，AIGC 生成插画方案

如图 6-4 所示，这些插画作品可以进一步应用于包装设计中，生成琳琅满目、各具特色的包装设计，这无疑有助于提升产品的市场吸引力。

图 6-4　由插画拓展出的包装设计方案

除前文所展示的"潮玩＋插画＋包装"的应用案例外，在文创设计的领域，AIGC 还有着更广阔的发展空间。例如，在电商与广告领域中，AIGC 技术可用于商品的推荐与展示，快速提供更贴近消费者需求的商品展示图片，极大提高用户体验及商品的曝光度。在以文创为主的虚拟现实领域中，AIGC 可以快速且自动地创建多样化的虚拟环境和角色，迅速为用户提供更丰富多彩且定制化的沉浸化体验。

6.1.3　AIGC 算法和模型对文创产品设计的影响

AIGC 的算法、模型与平台是紧密相连的，如图 6-5 所示，它们共同构成了一个完整的内容创作系统。

其中，算法和模型是 AIGC 系统中的核心组件。基于机器学习、深度学习等算法的图像生成技术，以及生成对抗网络模型（GAN）和扩散模型（Diffusion Model）等模型，可以帮助人工智能理解和学习图形的基本结构与元素，并通过训练模型学习到各种不同风格和设计元素的组合方式。这些算法和模型可以实现自动化和精细化的图形设计生成。而平台是将这些算法和模型应用到实际工作中的载体。平台提供给用户交互的界面和工具，使用户可以直观地进行操作，并看到算法生成的结果。同时，平台还可以为算法提供训练数据，通过用户的反馈和修改帮助算法进行学习和优化。

算法和模型	⇔	平台
核心组件		**应用载体**
学习基本元素		人机交互界面
提供图像等生成		提供训练数据

图 6-5　AIGC 的算法、模型与平台

在这个系统中，算法、模型与平台相互影响、相互促进，并一起推动 AIGC 技术的发展和应用。算法和模型的进步可以提高系统的性能与效果，而平台的优化可以提高用户体验，细化使用逻辑，进一步推动算法的优化和模型的训练。

在文创产品设计中，AIGC 可以在短时间内提供多样化的创意元素，为文创设计师提供更多选择。随着 AIGC 系列技术的发展，现在有如 ChatGPT、文心一言、Midjourney、Stable Diffusion 等多种不同的平台可以为文创设计提供助力。在创意的不同阶段，可以应用到不同类型的平台与工具。

（1）在搜索资料与寻找创意方向阶段：以 ChatGPT、文心一言等为代表的语言大模型平台可以在创作的初期为设计师提供系统而全面的文字资料支持。在创意初期，可以在与 AIGC 的交流中，使 AIGC 为人们列举各项资料，从中寻找创意灵感与设计方向。如图 6-6 所示，以"龙的 IP 形象"为关键词，可以在设计的初期，在 AIGC 的帮助下进行创意灵感的发散，为自己打开更加广阔的思路。

图 6-6　以文字的方式与 AIGC 交流设计灵感

通过与 AIGC 的交流和内容筛选，如图 6-7 所示，进一步使用 AIGC 进行资料搜索，并可以结合发展潜力与人群需求等内容，快速将创意点聚焦到"龙的繁荣、吉祥寓意"上，为接下来的文创设计提供方向。

> 龙的象征意义是一个好的方向，请问有什么我可以参考的资料么？

> 当然有啦！龙的象征意义在中国文化中非常丰富和深远。以下是一些关于龙的象征意义的资料和灵感方向，供你参考：
>
> 1. 吉祥、繁荣：在中国传统文化中，龙常常被视为吉祥和繁荣的象征。因此，你可以将这种象征意义融入到你的IP形象中，通过设计一些与吉祥、繁荣相关的元素，比如用龙的形象来呈现好运、财富或繁荣的寓意。
> 2. 力量、勇气：龙在许多文化中都被视为力量的象征，它拥有强大的身躯和无比的力量。因此，你可以将龙的这一象征意义融入你的IP形象中，通过设计一些展现力量、勇气的元素，比如用龙的形象来代表勇敢、坚韧或决断的品质。
> 3. 高贵、尊严：龙在中国文化中是一种高贵和尊严的象征。你可以通过设计一些与高贵、尊严相关的元素，比如用华丽的线条和细节来呈现龙的高贵气质，或者通过赋予龙某种庄重、神圣的氛围来表现它的尊严。
> 4. 智慧、神秘：龙在许多文化中也被视为智慧和神秘的象征。你可以将这种象征意义融入你的IP形象中，通过设计一些与智慧、神秘相关的元素，比如用龙的形象来代表深邃的思想、奥秘或未知的力量。
> 5. 团结、和谐：在中国传统文化中，龙也常常被视为团结和和谐的象征。因此，你可以将这种象征意义融入你的IP形象中，通过设计一些与团结、和谐相关的元素，比如用龙的形象来代表人们之间的紧密联系或和谐共生的状态。
>
> 希望这些资料和灵感方向能够帮助你更好地理解龙的象征意义，并将其应用到你的文创产品开发中。如果你还有其他问题或需要更多的帮助，随时告诉我哦！

图 6-7 通过 AIGC 搜索资料并聚焦创意灵感

（2）在故事创作与内容策划阶段：如上文所述，语言大模型平台不仅能够在搜索资料方面提供助力，在写作与文字创作领域同样也能展现出巨大的潜力。人们可以使用这些工具辅助进行故事文案的创作，拓宽创意的可能性。通过 AIGC 的文字自动生成，快速结合上述创意方向的文创 IP，获得一个小型的文案故事，用于搭配文创产品的创意背景，如图 6-8 所示。

> 我希望以"带来繁荣的龙宝宝"为主题，你能帮我编写一个用于文创设计的文案小故事么？300字以内。

> 当然可以！以下是一个关于"带来繁荣的龙宝宝"的文案小故事，供你参考：
>
> 在一个遥远的小村庄，村民们过着平静而朴素的生活。然而，随着时间的推移，村庄的庄稼渐渐枯萎，财富也变得越来越稀少。就在大家感到绝望之际，传说中的龙宝宝从天而降，为村庄带来了新的希望。
>
> 龙宝宝小小的身躯蕴含着无穷的力量。它用自己纯真的眼神和温柔的语言治愈着村民们的心灵，让他们重新找回了对生活的信心。龙宝宝与村民们一同劳作，播撒下希望的种子。不久，枯萎的庄稼重新焕发生机，果实累累。村庄再次繁荣起来，人们过上了幸福美满的生活。
>
> 这个温馨的故事告诉我们，有时候，一个纯真善良的存在就能为我们的生活带来意想不到的转机。龙宝宝不仅为村庄带来了繁荣，更让人们懂得了珍惜和感恩。这个小小的龙宝宝，用它的力量和温暖，点亮了整个村庄的未来。

图 6-8 由 AIGC 提供创意文案

（3）在图像生成与设计阶段：以 Midjourney、Stable Diffusion 为代表的图像生成平台可以将文字描述转化为艺术图片，为设计师提供丰富的创意素材和功能强大的图像处理可能性。设计师可以利用该类工具开启无限的脑洞，探索不同风格和主题的图像生成。如图 6-9 所展示的就是 Stable Diffusion 的可视化窗口 SD WebUI 工具，它能以关键词的方式生成不同的图形内容，借以辅助人们的创意，为设计提供更多的可能性。

图 6-9　Stable Diffusion 的可视化窗口 SD WebUI 工具

在处理复杂任务时，Stable Diffusion 还有着如图 6-10 所示的 SD ComfyUI 工具平台，它可以将任务进行分解连线，进行复杂任务的自动化处理。该类平台工具的学习难度更高，但可以更加灵活、自由地进行创意与逻辑的构思。

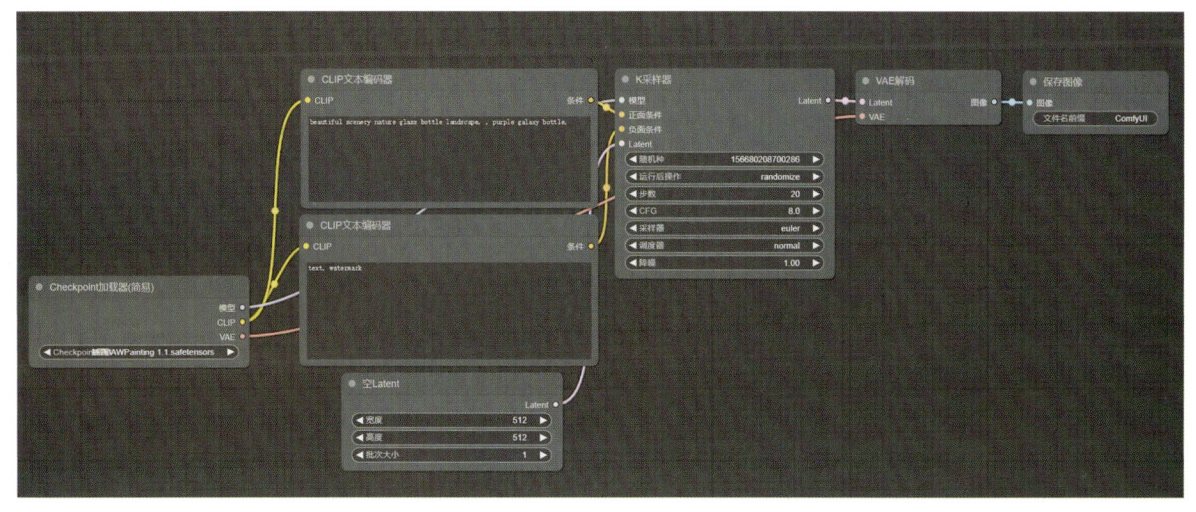

图 6-10　Stable Diffusion 的可视化窗口 SD ComfyUI 工具

6.1.4 人工智能如何辅助创意思维和概念生成

AIGC 与文创产品设计的创意思维有着天然而密切的契合性,两者结合能够大大提高文创产品设计的创意效率与质量。在过去的文创产品设计中,创意思维一直是设计师最为注重的核心能力之一。而现代的人工智能技术为人们提供了全新的思维方式。通过学习 AIGC 工具的使用,能够更好、更快地应用 AIGC 辅助创意思维和概念生成。

(1)通过 AIGC 的快速内容生成工具,AIGC 能够从文字、图像等多个角度提供源源不断的创意灵感,从而加速设计过程。如图 6-11 所示,借助语言类 AIGC 平台工具进行资料收集与灵感发散,使设计师能够从前期烦琐的内容收集与灵感构思等工作中脱离出来,聚焦到核心的方案创意上。

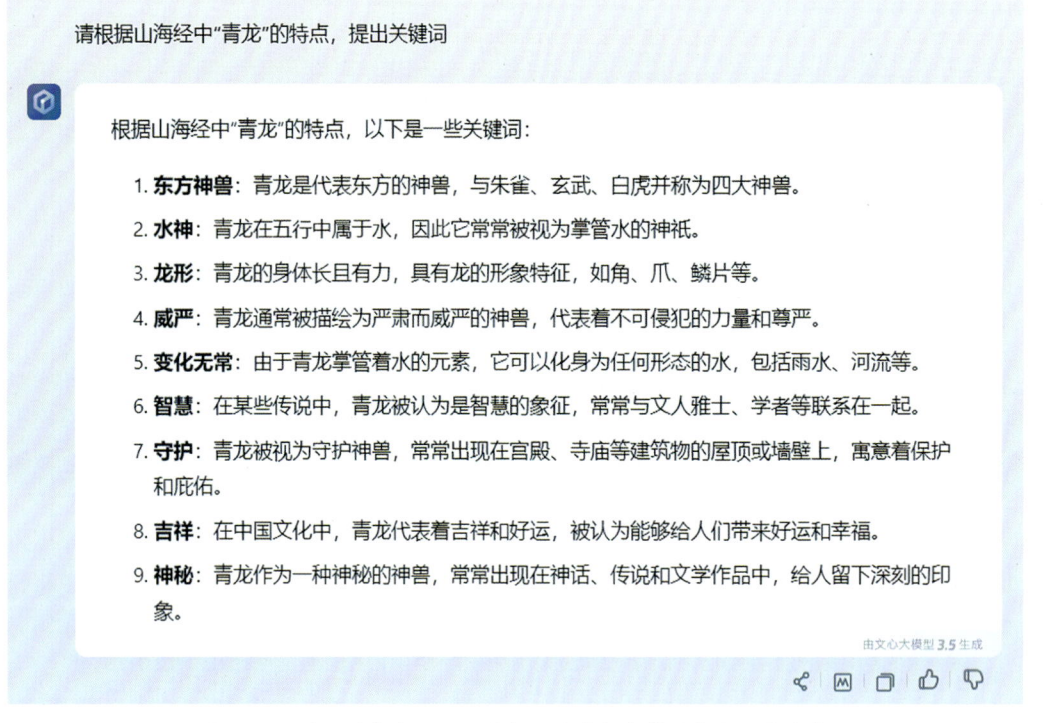

图 6-11　借助语言类 AIGC 平台工具进行资料收集与灵感发散

(2)在具备核心创意思维的基础上,AIGC 可以根据设计师的要求,进行快速的创意效果展示与表达,大大加速了原本需要草图手绘、软件绘图、3D 建模与渲染等流程才能够完成的工作。如图 6-12 所示,通过输入如"石膏雕塑""现代设计""抽象""动态""旋转"等关键词,可以快速输出创意图像,加速了创作的效果呈现与方案的迭代创新,同时,也降低了技术门槛,使更多人能够更轻松地表达创意。

图 6-12　借助 AIGC 进行设计方案发散

（3）针对指定的创意内容，AIGC 还能够实现个性化定制，根据用户细分生成独一无二的文创产品。如图 6-13 所示，针对"萌系"与"机械风"两种不同的用户可输出定制化的方案。这种定制化的设计不仅能够提高用户体验，还能够满足不同用户群体的差异化需求。

图 6-13　针对不同人群输出的定制化设计

6.1.5　利用 AIGC 工具进行文创产品设计的创意训练

AIGC 相关工具能够辅助人们在文创产品设计中的各种创意工作。虽然从表面上，AIGC 能够快速而智能地生成文创内容，但是仅仅空洞地提出需求是远远不够的，仍然需要通过一系列的训练来熟悉工具，学习如何通过写关键提示词来细化需求，具备清晰的思路来引导 AIGC 相关工具精准地生成希望获取的内容。以下是一些能够影响 AIGC 创意输出的训练方法：

（1）需要设定设计目标，明确想要设计文创产品的类型，如海报、插图、图形设计、Logo 等，并设定设计的主题、样式、颜色等基本要素。这些基本要素会影响基本提示词（Prompt）的内容。

在进行创意训练时，可以尝试不同提示词对 AI 生成内容的影响。描述越完善的提问方式或关键词的搭配可以收获更加精准的结果。因此，也会将 AIGC 的使用称为"提问和对话的艺术"。如图 6-14 所示，当提问比较模糊时，所生成的结果也是粗略笼统的，甚至与所期待的相差甚远。

图 6-14　提问不精准时的 AIGC 回答

如图 6-15 所示，当问题描述更加精准，甚至加入具体的需求及案例示范等内容时，AIGC 也会生成相对完善的答案与建议，用以辅助设计。

> 我是一名学习《文创产品设计》的学生，希望使用《山海经》的内容做一些文创设计。请问你能提供一些适合文创使用的《山海经》资料么？希望资料能有明确的设计指向性或者建议，例如适合做插画、书签、包装、或者其他类型的产品？

> 当然可以。《山海经》中包含了大量神秘、奇特的生物和场景，这些都可以作为文创设计的灵感来源。以下是一些具体的建议：
>
> 1. 插画设计：你可以选择《山海经》中的一些特色生物或场景进行插画创作，比如"鲲鹏"这样的大鸟，或者"建木"这样的神奇植物。这些元素本身就充满了神秘感，可以为插画带来独特的视觉效果。
>
> 2. 书签设计：《山海经》中的许多生物形象都极具特色，可以作为书签设计的灵感。比如"饕餮""毕方"等，这些形象不仅独特，而且有着丰富的文化内涵，可以为书签增添一些特别的含义。
>
> 3. 包装设计：如果你想为某个产品做包装设计，可以考虑使用《山海经》中的元素。比如食品包装上可以画上"鲛人""凤鸟"等形象，不仅能吸引人们的眼球，还能增加产品的文化内涵。
>
> 4. 饰品设计：《山海经》中的一些小生物，如"青鸟""精卫""赢鱼"等，其形象独特且可爱，可以作为饰品设计的灵感。比如制作成项链、手链、耳环等，既有趣又具有文化内涵。
>
> 5. 文创玩具设计：你可以设计一系列基于《山海经》生物或场景的玩具，如玩偶、拼图、解谜书等。这些玩具不仅可以引起孩子们的兴趣，也可以让成年人回味无穷。
>
> 在利用《山海经》的元素进行设计时，需要注意尊重原著的文化内涵，不要随意更改或曲解其意义。同时，也要考虑到目标受众的接受度，选择适合的元素和设计方式。希望这些建议能对你有所帮助！

图 6-15　精准提问时的 AIGC 回答

（2）在图像的创意生成阶段，仍然需要不断地调整关键词，用以获取更精准的创意图像。如图 6-16 所示，最左边的图像是提示词不完善时的图像生成，随着不断调整需求，图像及细节内容也会不断更新，直至获得想要的效果。

图 6-16　通过不断尝试提示词的迭代，对 AIGC 输出结果进行优化

值得注意的是，在编写提示词的过程中，可以利用类似文心一言等平台，将自然语言转换为图像生成平台更容易识别的提示词。如图 6-17 所示，通过描述提示词的概念和例子，可以借助 AIGC 生成一系列的提示词用于后续的使用和调整。

我在这里引入StableDiffusion算法中的Prompt概念,又被称为提示符。
下面的prompt是用来指导AI绘画模型创作图像的。它们包含了图像的各种细节,如人物的外观、背景、颜色和光线效果,以及图像的主题和风格。这些prompt的格式经常包含括号内的加权数字,用于指定某些细节的重要性或强调。例如,"(masterpiece:1.5)"表示作品质量是非常重要的,多个括号也有类似作用。此外,如果使用中括号,如"{blue hair:white hair:0.3}",这代表将蓝发和白发加以融合,蓝发占比为0.3。
以下是用prompt帮助AI模型生成图像的例子: masterpiece,(bestquality),highlydetailed,ultra-detailed,cold,solo,(1girl),(detailedeyes),(shinegoldeneyes),(longliverhair),expressionless,(long sleeves),(puffy sleeves),(white wings),shinehalo,(heavymetal:1.2),(metaljewelry),cross-lacedfootwear (chain),(Whitedoves:1.2)

仿照例子,给出一套详细描述以下内容的prompt。直接开始给出prompt不需要用自然语言描述:《山海经》中的凤凰飞翔在天际

以下是描绘《山海经》中凤凰飞翔在天际的prompt:

masterpiece,(bestquality),highlydetailed,ultra-detailed,cold,solo,(1girl),

(detailedeyes),(shinegoldeneyes),(longliverhair),expressionless,(long sleeves),(puffy sleeves),(white wings),shinehalo,

(heavymetal:1.2),(metaljewelry),cross-lacedfootwear (chain),(Whitedoves:1.2),

(Phoenix:1.5),(golden Phoenix:1.2),(radiant Phoenix),(radiant wings),

(soaring through the sky:1.5),(against a clear blue sky:1.2)

图6-17 文心一言生成可用于图像生成的提示词

(3)在利用AIGC工具进行文创产品设计时,还需要有创新思维和敢于尝试的态度,需要尝试不同提示词或风格对设计的影响,以及适时的聚焦方案。只有这样,才能最大限度地利用这个强大的工具,创造出独一无二的文创产品设计。

> **任务思考与实训**
>
> 1. 通过案例分析,小组讨论在文创产品设计中,有哪些设计方向与AIGC的结合最为紧密,而哪些是AIGC不容易做到的。
> 2. 以文字或思维导图的方式整理AIGC辅助文创产品设计的流程与注意事项。

问题解析

任务 6.2　AIGC在文创产品设计中的实践案例

6.2.1　项目立项与策划——定瓷工艺和《山海经》主要文化梳理

1. 定瓷及定瓷的主要工艺

定瓷一般是指定窑瓷器,被称为"天下第一瓷"。定窑是北宋五大名窑之一,位于今河北省定州市。定窑瓷器的产品质量非常优良,胎骨较薄且精细,

微课:AIGC在文创产品设计中的实践应用

颜色洁净，釉色多为白色，釉质紧密光润。定窑瓷器的白釉多闪黄，故有"粉定"之称，釉面偶尔还有垂釉的现象，由此又有"泪釉"的别称。如图 6-18 所示的莲瓣茶盏，便是定瓷的代表性产品之一。

定瓷的制作过程可分为七步，分别为揉泥、拉坯、修坯、刻花、跳刀、施釉、烧窑。其传统烧制工艺极其复杂，需要从当地掘取石英、长石、黏土等原料，按一定配合比加工成泥料，经陈腐后方可进行拉坯成型等操作。

定瓷无论是手感还是视觉感觉都极佳，能够给人一种简洁、雅致的美感。其纯净的白色釉面，光洁如玉，深受

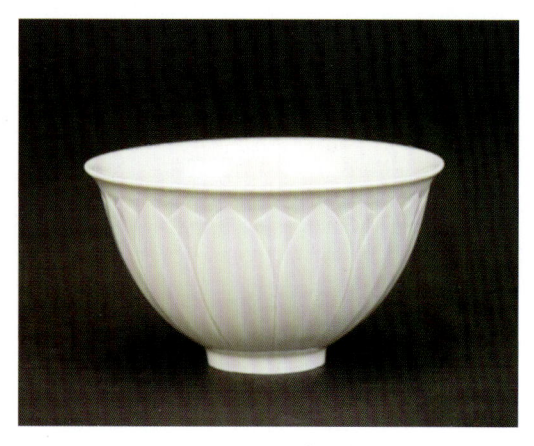

图 6-18　定瓷莲瓣茶盏

人们的喜爱。定瓷的魅力在于其淳朴飘逸的美和精湛的工艺技巧，这种特色也使定瓷作品颇受艺术品收藏者和瓷器爱好者的追捧，同时，也有着极为广泛的可拓展与创新的空间。

2.《山海经》的主要文化梳理

《山海经》是我国先秦时期的古籍，其作者不详，是一本集怪奇瑰丽的神话、地理、动物、植物、矿物、巫术、宗教、历史、医药、民俗及民族等各个方面知识的辞典，其具有极高的文化价值。它不仅提供了大量的古代神话传说，也为了解早期中国的地理、生物、族群分布、民族关系及文明发展提供了宝贵的资料。其中包含的雄浑壮丽的神话故事和丰富多彩的民间传说，使人们得以窥见古代人丰富的想象力和文化内涵，对于研究中国古代历史文化具有重要的参考价值。

作为历史文化的宝库，《山海经》的内容对现代文创产品设计也具有深远的影响和积极的推动作用。其在文创设计中的价值和作用体现在以下几个方面：

（1）设计灵感来源：《山海经》中的神奇生物和悠久的神话传说，是设计师寻找设计灵感的重要来源。他们可以通过形形色色的神兽形象，想象和创造出千变万化的创意设计产品，增加设计的文化内涵和象征意义。

（2）IP 开发：《山海经》的神奇生物和神话故事具有巨大的开发潜力，使其成为一种文化 IP，可以运用到动漫、游戏、文化商品等各类文创产品的设计中，以提高文创产品的附加值，使产品具有更强的市场竞争力。

（3）弘扬中国文化：《山海经》含有丰富的中国传统文化资源，设计师将这些元素融入设计中，不仅可以设计出富有中国特色的文创产品，也能够在设计中弘扬和传承中国文化。

从文创设计的角度来看，《山海经》是无尽的创意宝藏，人们可以从中汲取丰富的设计灵感和素材，创造出各种充满想象力和特色的设计，展现出独特的中国文化魅力。同时，通过将《山海经》的元素运用到商品的设计中，也能够增强商品的文化附加值，提高其市场竞争力。

6.2.2　创意构思与方案设计——AIGC 辅助创意构思

AIGC 不仅是一系列技术工具，更是一套能够推动文创领域创新的引擎。接下来，以案例的方式，研究 AIGC 技术在文创领域的具体应用方法。在这个系列的文创产品设计中，以《山海经》中的"凤凰"为灵感元素，在 AIGC 的帮助下进行潮玩相关文创产品的创意构思。

在该案例中，主要应用 SD（Stable Diffusion）WebUI 工具进行出图。在 SD WebUI 工具中，表 6-2 所示的参数对图像生成的结果至关重要。

表 6-2 SD WebUI 工具的重要参数及作用简介

序号	重要参数	作用简介
1	Stable Diffusion 大模型	核心，决定了AI生成图片的主要风格，可根据创意方向选择
2	Lora 小模型	影响图片效果或内容，可以加入多个小模型共同作用
3	外挂VAE模型	类似于图片生成后的滤镜，一般使用默认的自动VAE模型
4	CLIP终止层数	该值较小时充分参考提示词，数值较大时忽略部分提示词，一般默认为2
5	正向提示词	在这里需要写明"希望得到"的图片内容
6	负面提示词	在这里需要写明"不希望出现"的图片内容
7	采样方法（Sampler）	核心，是图片生成的算法，不同采样方法的结果与速度都会不同
8	迭代步数（Steps）	越高的迭代步数会使图片越精细，但也越慢，一般设置为20~30
9	提示词引导系数（CFG Scale）	控制模型生成图片时符合提示词的程度，越低的数值越会自由发挥和有创意，越高的数值越会符合提示词的约束，一般设置为7
10	种子（Seed）	影响图片生成结果，同样的种子会获取相同或相近的结果

图像生成算法及大模型对生成结果至关重要，可以根据想要生成的图像风格来选择合适的大模型。如图 6-19 所示，由于希望生成一个类似潮玩的文创产品，因此选择一个偏向卡通的大模型绘图风格。同时，也可以借助多个小模型 Lora 来进行图像的后期调整。

图 6-19 对大模型与小模型 Lora 的选择

在选择好合适的模型后，可以通过关键提示词进行图像生成的引导。如图 6-20 所示，在设计的过程中，可以使用记事本辅助进行提示词的记录和整理。可以通过正面提示词来获取希望得到的图像内容，并通过负面提示词来排除不希望生成的图像细节。例如，通过正面提示词详细描述了希望绘制的形象，包括"中国龙""可爱"等，同时要求图片背景为白色或简单的背景，并通过负面提示词去掉包括"像素化""模糊"等不希望出现的错误。编写好提示词后，可以将其粘贴到 SD WebUI 工具中。

【正面关键词】
8K，3D，C4D，（杰作：1.4），（温柔的艺术风格：1.2），（中国龙：1.5），可爱，蓝色的身体，黄色和白色的尾巴，站立，丰富的细节，可爱的宠物，单人，微笑，全身，极其精致，小，柔软，宝可梦，C4D渲染，白色背景，简单的背景，精致的龙的特征，蓝色鳞片，龙的设计，弯曲的角龙，幻想，可爱的小龙，乙烯基玩具小雕像，可爱的玩具，精心设计，风暴龙，水龙，浅蓝色皮肤，全身，

8K,3D,C4D,(masterpiece:1.4),(Gentle art style:1.2),(chinese dragon:1.5),cute,blue body,yellow and white tail,stand,rich details,cute pet,solo,smile,full body,extremely exquisite,little,soft,pokemon,C4D rendering,white background,simple background,delicate dragon features,blue scaled,dragon design,curved horned dragon,fantasy,cute little dragon,vinyl toy figurine,cute toy,well designed,storm dragon,water dragon,pale blue skin,full body,<lora:dragon:0.5>,

【负面关键词】
绘画，绘图，低分辨率，（单色，灰度），像素化，模糊，签名，水印，用户名，数字，（低质量：1,3），（最差质量：1,3），糟糕的解剖结构，糟糕的手，

Painting,drawing,Low resolution,((monochrome, grayscale)),pixelation,blur,signature,watermark,username,digital, (low quality:1,3), (worst quality:1,3), bad anatomy, bad hands,

图 6-20 通过记事本记录和调整关键提示词

下一步，需要设置 AI 出图的各项参数。首先，采样方法是 SD 系列算法的核心，如图 6-21、表 6-3 所示，不同的采样方法会产生不同的图像结果。在这里使用 DPM 系列的采样方法来获得更好的形象细节与色彩。还可以设置图片尺寸、生成图片数量及其他各项参数。设置好各项参数后，就可以进行出图的尝试了。根据计算机性能的不同，AIGC 出图需要等待一定的时间。如图 6-22 所示就是这次尝试所生成的图片。根据输出结果，也可以进行反复尝试，进行参数与关键提示词的调整，直至获得理想的结果。

图 6-21 不同的采样方法

表 6-3 主要采样方法类型的简介

序号	主要采样方法	简介与效果
1	Euler	快速高效、柔和且适合插画，环境细节与渲染好，背景模糊较深
2	Heun	单次出图平均质量比Euler方法高，但速度较慢。在高迭代步数的情况下表现较好
3	DDIM	适合宽画面，速度偏低，高迭代步数时表现好。在负面提示词不足时表现会比较随意
4	DPM	对提示词的利用率最高，能够更好地利用输入的信息来生成图像
5	LMS	质感较好，但饱和度和对比度偏低，更倾向于动画的风格
6	UniPC	速度较快且生成质量较好，更适用于对图像逼真度和采样速度都有较高要求的场景

图 6-22　由 AIGC 生成的创意潮玩方案

6.2.3　设计方案制作——《山海经》系列瑞兽瓷器形象选择与加工

经过不同创意方向及《山海经》元素的选择，可以不断地借助 AIGC 输出设计方案，并形成文创产品的系列。如图 6-23 所示，该款方案以《山海经》中的瑞兽"朏朏"为灵感来源，结合了具象与抽象的双重造型元素，并借助定瓷的细腻质感和精致度，非常适合表现其瑞兽的神秘和华丽之美。

图 6-23　定瓷风格《山海经》瑞兽系列一

注：霍山中有一种野兽，形似狸，白尾，颈有鬃毛，名为朏朏，可消除忧愁。

在瑞兽瓷器设计方案中，通过如前文所展示的 AIGC 图像生成方式，撰写提示词着重而细致地描绘了"朏朏"的神秘形象，同时，在下半部分保留了瓷器原有的造型曲线与文化基因，经过反复尝试，成就了这款产品既古朴又具有现代化特色的一面，使瑞兽"朏朏"若隐若现、更显神秘。

在后期的设计细化与加工层面上，该款设计方案可结合定瓷的精雕加工工艺，通过手工雕刻或 3D 打印的方式制作模具样本，进行批量生产的尝试。在进行产品落地的设计深化时，可根据加工工艺的要求，去除无法生产的局部细节，优化成本太高的部分，以达到艺术性与性价比的协调。

在文创产品的设计中，AIGC 技术为人们提供了崭新的视角和工具。这个范例展示可以帮助人们探索《山海经》神兽的多重可能性，实现了从传统的文本描述到现代文创产品的无缝融合，这也证实了 AIGC 技术在文创设计领域中的巨大潜力。

6.2.4　产品展示与宣传——《山海经》系列瑞兽瓷器展示

由于 AIGC 辅助创作的快速迭代性，《山海经》系列瑞兽瓷器系列文创产品在具有指向性的关键提示词下，也生成了有针对性的几组方案，使产品能够覆盖不同的用户喜好与市场，也便于后续进行更有针对性的宣传与商业化。

如图 6-24 所示为"瑞兽定瓷系列"，重在突出白瓷质感下的神兽高洁神秘之美。

PPT：AIGC 辅助创意作品展示

图 6-24　《山海经》瑞兽定瓷系列

如图 6-25 所示为"瑞兽精品雕塑系列"，借助 3D 打印的精细度，实现极为细致且具有艺术性的形态细节，适合高端模型玩家的用户市场。

如图 6-26 所示为"白瓷东方美学系列"，将《山海经》神兽的磅礴气象融入抽象而简洁的东方美学造型中，追求平衡而自然的和谐美感，是《山海经》系列文创产品向艺术品转化的典型。

图 6-25　《山海经》瑞兽精品雕塑系列

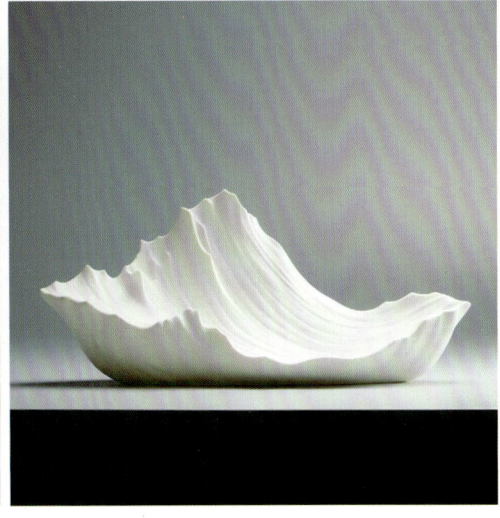

图 6-26 《山海经》白瓷东方美学系列

6.2.5 项目总结与反思

通过前面的学习，对 AIGC 和文创产品设计之间的关系有了更深一步的认识，随着人工智能技术的不断发展，AIGC 将在文创产业中发挥越来越重要的作用，并有着广阔的前景与可能性。未来，有望看到更多的文创产品利用 AIGC 技术推陈出新，并打破传统的创作边界，涉及字体、插画、动画、短视频、影视等诸多领域。

此外，AIGC 还将深度融到文创产业的运营和营销中，提供快速且可定制化的商业策划与服务。通过智能化的推广和个性化的服务，文创产品将更好地满足不同受众的需求，实现更广泛的市场覆盖。

AIGC 的出现不仅丰富了创意产业的内涵，也为文创产品的设计与生产注入了新的活力。在未来，随着技术的不断升级，AIGC 将为文创产业带来更多的惊喜和可能性。

同时，作为新生事物与设计辅助工具，在使用 AIGC 工具时仍需要注意以下事项：

（1）版权与法律：由于 AIGC 的创作是在模型吸收大量参考文字或图片的基础上进行的，是"人脑 + 人工智能"的双重结晶。在进行 AIGC 设计辅助时，需要查阅相关法律法规，确保所有使用的素材、提示词等都是合法的，避免 AIGC 下的创意抄袭或违法现象。

（2）人工与自动的结合：虽然 AIGC 工具可以自动生成设计，但还是需要设计师的参与和判断。人们必须时刻以自己的智慧来引导内容的生成，以确保设计的质量和原创性。

（3）后期细化与产品落地：AIGC 虽然能够快速地辅助生成创意，但在当前的技术背景下，自动生成的结果与产品落地之间仍存在着相当大的距离。在完成创意设计后，需要将创意进行进一步细化，获取用户的反馈，进行针对生产加工的调整，这样，才有机会将创意真正变为实际的产品，并将其推向市场。

任务思考与实训

1. 通过案例学习，小组讨论总结 AIGC 辅助定瓷瑞兽系列设计的流程和方法，并任意选取一款设计方案，推测图像生成的关键提示词。
2. 熟悉 SD WebUI 平台工具的使用，按照视频指导练习。

项目评价

根据自己的学习情况完成下面的表格，根据自己的掌握情况填涂〇，以便后面查漏补缺。

学习情况自我审查一览表

学习目标		我的理解程度（要领概括）	掌握情况
知识目标	了解AIGC辅助文创产品设计的基本流程与方法		〇〇〇〇〇
能力目标	能够使用AIGC相关工具进行文创产品的创意设计		〇〇〇〇〇
素质目标	了解AIGC应用的相关法规与道德规范		〇〇〇〇〇
学习收获与心得			
学习难点与解决方案			
学习自我评价			
教师评价			

案例拓展

一、《毕加索系列》创意瓷器文创产品设计

毕加索是西班牙著名的艺术家,也是20世纪现代艺术的主要代表人物之一。毕加索开创了全新的艺术流派——立体主义,其艺术作品具有强烈的视觉冲击力。在对AIGC技术的应用中,可以通过关键词的方式引导AI生成带有毕加索艺术特色的图像来辅助文创产品设计。下面让我们扫码来欣赏这款《毕加索系列》创意瓷器文创产品设计。

> **任务思考与实训**
>
> 1. 以毕加索系列风格出发,能够开发出哪些类型的文创产品?
> 2. 小组讨论,从毕加索的绘画风格出发,尝试编写提示词,从不同角度尝试类似风格的AIGC绘图练习。

二、《扎哈建筑系列》创意瓷器文创产品设计

扎哈·哈迪德是一名世界级的建筑师,她善于运用曲线塑造建筑空间,设计中常常出现流畅、自然的曲线,打破了传统建筑的直线和方正的格局。通过以草图的方式模拟扎哈的建筑语言,并在AIGC辅助中,以ControlNet精准控制的方式进行出图,可以实现更精准和灵活的图像生成。下面让我们扫码来欣赏这款《扎哈建筑系列》创意瓷器文创产品设计。

> **任务思考与实训**
>
> 1. 思考扎哈的建筑风格在文创产品设计中有哪些拓展可能性?
> 2. 以"扎哈风格、建筑"为核心提示词,尝试用AIGC生成扎哈建筑风格与其他类型产品的融合图片。

三、《潮玩系列》文创产品设计

潮玩和盲盒作为近年来流行文化中的重要代表,吸引了大量年轻消费者的关注。在潮玩产品设计中,将中国传统文化元素融入潮玩,是当前潮玩设计师所应用的一种典型的设计思路。应用AIGC技术将各种不同的传统文化元素与形象融入潮玩产品设计中,可以大大加速其设计流程。下面让我们扫码来欣赏这款《潮玩系列》文创产品设计。

> **任务思考与实训**
>
> 1. 思考在文创产品设计中,潮玩能够与哪些元素进行融合,它们会有什么样的共同之处与各自的特点。
> 2. 尝试以《山海经》瑞兽为主题,进行AIGC的潮玩设计练习。

项目 7　博物馆文创产品设计案例赏析

项目导读

博物馆是每个地方文化资源荟萃的场馆，博物馆文创作为博物馆文化创意产业的重要一环，具有丰富的意义，既能推动文化传播和创新发展，又能为博物馆带来经济效益和品牌价值。世界各地的博物馆都在不断探索和实践博物馆文创的创新与发展，本项目由国内博物馆文创产品设计和国外博物馆文创产品设计两部分构成，注重对文创产品的典型案例进行赏析，包括其设计理念、市场策略和用户体验，以便帮助学习者更深刻地体会和理解文创产品设计的意义，它需要综合考虑创意、设计、市场营销、艺术美学等多个领域的知识，以培养学生的综合能力和创新思维。

学习目标

1. 知识目标

（1）通过博物馆文创产品赏析，学习者可以深入了解文化遗产、历史传承、民俗风情等相关知识，扩展对文化多样性和历史传统的认知。

（2）理解相关的设计原理、美学理念和文化创意产业发展趋势，加深对文创产品设计的理论知识，从分析优秀的设计成果出发，充分巩固、理解和吸收前面的内容。

2. 能力目标

（1）通过赏析，学习者能够具备对文创产品设计的鉴赏能力，能够分析、评价和理解不同文化背景下的设计作品，提升审美观念和判断力。

（2）能够通过赏析活动激发自身的创造力和想象力，拓展对文化创意产业的跨界思维和创新能力。

3. 素质目标

（1）通过文创产品赏析，学习者能够提升对文化遗产的尊重和保护意识，培养对传统文化的情感认同和自豪感，增强文化自信心。

（2）在赏析过程中培养开放包容的态度，促进多元文化交流与互动，增强国际视野和跨文化沟通能力。

任务 7.1　国内博物馆文创产品设计

我国历史悠久，文化底蕴深厚，国内各省市博物馆都是历史文化的集成，中国各省市的博物馆在文创产品设计方面也都展现出了独特的特点，通过将博物馆文化资源转化为创意产品，促进文化遗产的传承与发展。这些设计产品通常以博物馆所收藏的文物、艺术品、历史故事等为灵感来源，融合了传统文化元素和现代审美理念，创造出丰富多样、具有文化内涵和时尚气息的衍生品。这些产品不仅在设计上突出了中国传统文化的特色和魅力，同时，也通过商业化运作，将文化产品推向市场，实现了文化与商业的有机结合。中国国内博物馆文创产品设计的兴起，不仅为文化产业注入了新的活力，也为公众提供了更多了解和参与文化传承的机会，成为当代中国文化产业发展中的一股重要力量。以下是一些较为具有代表性的博物馆和其开发的文创产品设计。

7.1.1　故宫博物院

故宫博物院是中国最著名的宫殿建筑群之一，位于北京市中心的紫禁城内，故宫博物院前身为明清两代的皇宫，历经数百年的扩建和丰富，形成了具有较高历史、艺术和科学价值的文化遗产。1987年被联合国教科文组织列为世界文化遗产。

故宫博物院占地面积达72万平方米，建筑面积达15万平方米，共有房屋9 000余间，收藏文物珍品100余万件。

故宫博物院馆藏文物体系完备、涵盖古今、品质精良、品类丰富。现有藏品总量已达180余万件（套），以明清宫廷文物类藏品、古建类藏品、图书类藏品为主。藏品总分为25种大类别（图7-1），代表了中华民族的文化遗产和卓越的文化成就，堪称艺术的宝库。

微课：故宫博物馆文创产品设计案例分析

图 7-1　故宫博物馆藏品分类

故宫博物院较早就开始重视文创产业。2010年,故宫博物院推出"禁宫文创"产品线,开始涉足文创领域。2013年,故宫博物院正式成立"故宫文创有限公司",专门从事文创产品的设计、开发、销售等业务。2014年,故宫文创旗舰店在北京市前门大街正式开业,成为中国文创的一个新典范。2015年,故宫博物院文创产品覆盖全国,开设了多家自营门店和授权专卖店,成功迈向了大众化。2016年,故宫博物院文创产品出口海外,走向世界。故宫博物院在故宫文创的探索上比较前沿,不仅有丰富的实物文创产品,还有很多数字游戏、漫画书籍等,引领了"博物馆+"的文创跨界新模式。

故宫文创团队以丰富的馆藏文物、文化、建筑空间为基础,开发的文创产品种类齐全、数量庞大。以产品用途分类主要分为杯盘茶器、家居生活、文具手账、珠宝首饰、伞包服饰、美妆护肤、名画雅玩、国礼典藏等。

同时,故宫也与众多行业品牌开展授权合作,这些产品涉猎广泛,涵盖人们生活的各个方面。

创意生活家居用品要从终端市场使用需求出发,通过实物载体来表达故宫文创的情感特征,吉祥文化作为我国传统文化影响深远,这套《喜上眉梢》故宫餐具套装灵感来源于馆藏文物红地梅花纹文物系列(图7-2、图7-3),餐盘绘制苍劲挺秀的梅枝,梅花饱满芬芳吐艳,两只喜鹊跃然枝头,寓意喜上眉梢、双喜临门,故宫吉祥元素融入餐桌文化,使每一餐都是味觉和视觉的双重享受,产品采用优质骨瓷,温润透亮,精致的手描金边,红釉色泽纯正,浮雕花纸搭配真金喜鹊,画面自然和谐。

图7-2 《喜上眉梢》餐具套装　　图7-3 馆藏文物《红地梅花纹盘》

故宫系列文创首饰不仅融入文物元素,还采用了很多非遗制作手法,常用的有镂胎、花丝、錾刻、镶嵌、修金等工艺手法,如图7-4所示的《晴春蝶戏》花丝胸针就是采用了传统花丝工艺,产品材质为银镀金,灵感来源于馆藏名画《晴春蝶戏图》(图7-5),这件文创首饰精工细作,传统工艺与设计巧妙融合,佩戴清新雅致,呈现丰富底蕴与文化格调。

故宫文具品类繁多,包含学生文具、办公文具、商务文具、礼盒文具和益智类文具等,形成了故宫文具品牌。如图7-6所示的《仙寿吉祥》便笺本,封面纹饰取材于馆藏文物清灵仙竹平金团寿字纹棉氅衣(图7-7),锦缎上彩绣簇簇水仙,左右图案对称,设色华丽脱俗,外壳精致烫金,内页延续传统信笺竖向书写形式(图7-8),柔软内页加以硬质外壳,松紧绑带搭配如意云头琉璃珠,美观实用,为古老文物带来新气息。

图 7-4 《晴春蝶戏》花丝胸针　　　　　　　图 7-5 宋代的《晴春蝶戏图》

图 7-6 《仙寿吉祥》便笺本　　图 7-7 清灵仙竹平金团寿字纹棉氅衣　　图 7-8 便笺本内页

通过日常使用频率很高的故宫文具，使收藏在故宫博物院里的文物传达历史文脉，使历史与传统更具生命力。"故宫文具"在设计上兼具实用性和趣味性，充分表达了故宫文化与美学（图 7-9～图 7-11）。

图 7-9 《脊兽书签》文具套装及细节

图 7-10 《繁华铜尺》尺子　　图 7-11 《志犹学海》明信片套装

故宫文创产品特点鲜明，以高端制品为主，大量的故宫文创产品都是手工制作而成的，具备高品质产品的特点（图7-12～图7-20）。故宫文创产品的设计大多采取传统风格，展现出传统文化的独特韵味。在传统元素的基础之上，还加入了许多创意元素，使产品更加富有生命力和时尚感，实现商业价值和传承文化双赢，同时，也使故宫文化得到更广泛的传承和推广。

图7-12 《紫禁万象》书签　　图7-13 《千里江山》炫彩玻璃杯　　图7-14 蜻蜓胸针

图7-15 福禄大吉吊坠　　图7-16 斗彩茶杯　　图7-17 烛台

图7-18 故宫福禄寿铜器　　图7-19 檀木梳套装　　图7-20 《千里江山》真丝长巾

总之，随着中国文化自信的提升，故宫博物院文创的发展也越来越成熟，从传统的文化纪念品到高端的制品，再到走向世界，故宫文创已经成为中国文创的一面旗帜，"博物馆＋"的模式使故宫文创呈现出爆发式的增长态势。

7.1.2 中国国家博物馆

中国国家博物馆（国博）位于北京市中心天安门广场东侧，是历史与艺术并重，集收藏、展览、研究、考古、公共教育、文化交流于一体的综合性博物馆。它是世界上单体建筑面积最大的博物馆，也是中华文物收藏量最丰富的博物馆之一，整体规模在世界博物馆中位居前列。

中国国家博物馆现有藏品近143万件，时间跨度从远古时期到中国特色社会主义新时代，涵盖古代文物、近现代文物、图书古籍善本、艺术品等多个门类。藏品类型多样、精彩绝伦，具有高度的历史价值、科学价值和艺术价值，是中华文明发展史的典藏宝库，充分反映了中华文明5 000多年的血脉绵延和灿烂辉煌。

微课：中国国家博物馆文创产品设计案例分析

中国国家博物馆有自己专业的文创部门，打造出"国博衍艺"品牌，通过对丰富的馆藏文物资源进行文创开发与推广，使文物活起来、走出去。

"国博衍艺"开发的文创产品主要分为古韵家居、国博文房、首饰配饰等。"国博美馔"是国博的一个美食品牌，将中国文化、国博元素与美食融合，开创具有国博特色的文创美食（图7-21）。

图7-21 "国博衍艺"和"国博美馔"

同时，国博也与众多行业头部品牌开展授权合作，通过历史文化与市场相结合，实现博物馆与品牌的双向赋能，这些产品涉及多个品类，涵盖人们的衣、食、住、行等方方面面。

海晏河清灯笼茶具套装（图7-22）灵感来源于馆藏文物乾隆霁青金彩海晏河清尊（图7-23），瓷器肩颈之间雕贴一对白色的展翅剪尾燕子，外壁施霁青色釉，以金彩绘蕉叶、缠枝花卉等纹饰，霁青色象征河清，燕子与"晏"谐音，整件器物蕴含海晏河清、四海承平之意。

图7-22 海晏河清灯笼茶具套装 　　图7-23 乾隆霁青金彩海晏河清尊

图 7-35 国博衍艺——汝山明 茶宠 　　图 7-36 杏林春燕丝绣钱包 　　图 7-37 榫卯积木

图 7-38 国博衍艺——KACO 保温杯联名 　　图 7-39 花鸟玲珑香囊套装

7.1.3 敦煌博物馆

敦煌博物馆是世界文化遗产敦煌莫高窟的管理单位，成立于 1979 年。敦煌博物馆收藏和展示大量的敦煌莫高窟壁画、书画、文物等，是中国文化艺术的瑰宝之一。

以敦煌石窟、敦煌壁画闻名于世的敦煌，是一座有着悠久历史的文明古域。无论是古代的丝绸之路，还是现代的"一带一路"，敦煌艺术始终是中国现代艺术发展的重要节点，它深深植根于传统文化，对中国传统审美产生深远影响，敦煌文化艺术具有旺盛的生命力。

敦煌文化的核心意蕴是慈悲、智慧、美丽，敦煌博物馆作为敦煌传统文化的传承代表，为使抽象的历史文化与更多的年轻人接近，运用文创产品，突破古典艺术与现代前卫文化的界限，从敦煌壁画中整合和提炼出飞天、极乐、佛系、九色鹿、伎乐天、藻井纹样等系列元素（图 7-40～图 7-42）。

微课：敦煌博物馆文创产品设计案例分析

图 7-40　飞天手机壳　　　　图 7-41　九色鹿丝巾　　　　图 7-42　伎乐天笔记本

　　设计出独特的品牌符号与视觉识别系统，将传统古典元素与现代前卫文化创新地组合在一起，形成风格独特的敦煌国朝文化，使敦煌传统文化再一次焕发新的生机。

　　文创产品开发主要有书画经文、文具用品、生活潮品、包袋服饰四大类（图 7-43～图 7-46）。

图 7-43　书画经文装饰画　　　　　　　　　图 7-44　敦煌笔记本

图 7-45　滑板潮品　　　　　　　　　　　图 7-46　包袋服饰

敦煌壁画盲盒（图7-47）设计灵感来源于敦煌莫高窟、榆林窟7幅经典壁画，经专业画师对壁画进行精修重绘，又将壁画微缩为精致摆件，高度还原敦煌壁画的质感，让玩家在触手可及的方寸之间，欣赏历经风霜沉淀的艺术之美，建立起属于自己的"桌上敦煌博物馆"（图7-48）。

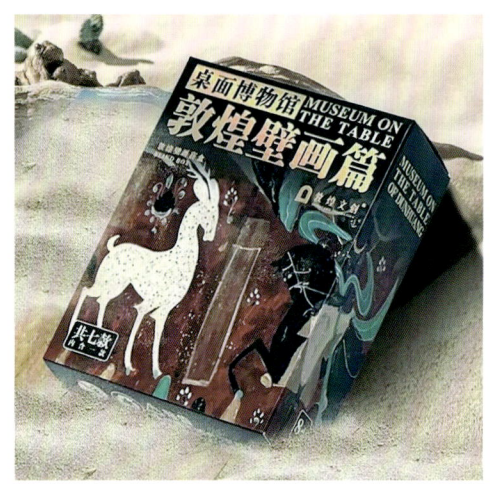

图7-47　敦煌壁画盲盒　　　　　　　　　　　图7-48　敦煌壁画盲盒合集

《观无量寿经变》盲盒（图7-49）是这一系列盲盒中的经典之一。7款壁画都封藏于来自国家5A级旅游景区——敦煌鸣沙山风景名胜区的鸣沙五色沙粒中。将人文景观的内涵与自然景观的神奇融于此盲盒，使这款盲盒显得独具创意。

《观无量寿经变》为莫高窟第112窟中唐壁画作品。伎乐天伴随着仙乐翩翩起舞，举足旋身，一个"反弹琵琶"的绝技瞬间定格。其绘画色彩和舞蹈动作带有明显的西域少数民族的特点，是盛唐时期对外交往的友好见证。

图7-49　埋在五色沙粒中的敦煌壁画盲盒《观无量寿经变》

敦煌飞天系列的《爱与和平》带盖马克对杯（图7-50、图7-51）灵感来自敦煌壁画的飞天形象，在传统形象上做了姿势改变，飞天双手俏皮比心，增添了活力元素，杯盖上用丝绸缠绕的设计写出"peace and love"表达"爱与和平"的主题，杯身祥云浮雕，增加了触感层次，经典传统的国风配色，珊瑚红与箬竹绿颜色碰撞典雅新潮。

如图7-52所示为再创敦煌系列的滑板文创产品，是由敦煌壁画与极限运动相结合而设计的，借用波普艺术的表现手法，还原千年前的彩色壁画，诞生了古典艺术与街风交融的再创辉煌系列，不仅使传统文化玩出了新花样，也使敦煌博物馆以高达四亿的阅读量登上热搜，掀起了一股敦煌文化消费的热潮。

图 7-50 《爱与和平》带盖马克对杯　　图 7-51 《爱与和平》带盖马克对杯细节

极乐系列滑板　　伎乐天系列滑板　　再创敦煌系列滑板

图 7-52 再创敦煌系列滑板

敦煌文创 IP，文化是基础，创作是核心。"丝路手信"文创品牌作为敦煌市博物馆文创品牌（图 7-53～图 7-55），通过大胆创新，以简单、有趣好玩的方式，使敦煌文创以时尚、潮流的姿态融入人们生活。将敦煌文化传播给普通大众，探索出更年轻化、更有吸引力的现代表达，使传统文化和敦煌艺术绽放出新的活力。

图 7-53 再创敦煌手机壳　　图 7-54 飞天丝巾　　图 7-55 极乐盛世鼠标垫

137

7.1.4 苏州博物馆

苏州博物馆是中国著名的博物馆之一，拥有丰富的文物资源和精彩的历史文化，是吴文化博物馆的代表，集中展示了吴地的特色物质和精神文化。本馆由世界著名建筑大师贝聿铭先生设计，古朴与现代结合，独具特色（图7-56）。

苏州博物馆可分为本馆和西馆两个场馆，西馆于2021年9月开放（图7-57）。

微课：苏州博物馆文创产品设计案例分析

图7-56 苏州博物馆本馆

图7-57 苏州博物馆西馆

苏州博物馆文创部是全国文博机构中较早开始系统从事博物馆文创开发的团队。文创部负责运营苏州博物馆艺术品商店，力求将其打造成博物馆内的最后一个展厅。目前，在苏州设有5个营业点，并于2011年开启线上商店，陆续入驻几大主要电商渠道。

苏州博物馆文创产品开发主要从馆藏文物、场馆建筑、吴地历史及苏州风土中发掘文化元素，结合苏州丰富的传统技艺，融合当代工艺。文创产品开发主要有典藏精品、文具用品、家具日用品、饰品配件、非遗工艺五大类。为了普及苏州文化和历史、传承吴地风韵、传达江南美学，博物馆推出了众多文创商品，使更多人了解和热爱苏州的历史与文化（图7-58）。

典藏精品 　　文具用品 　　家具日用品 　　饰品配件 　　非遗工艺

图7-58 苏州博物馆文创产品开发的主要分类

如图7-59、图7-60所示的山水间文具置物座，设计灵感来源于博物馆内片石假山山水园（图7-61）。产品采用黑胡桃木将山水园写意还原，置物座上有大小各异的圆孔，方便收纳不同类型的笔，犹如劲竹林立。木片作为假山，可以在底座滑道上自由滑动，灵活拆卸，随心打造出自己的山水园，增加了动手的趣味性（图7-62、图7-63）。多功能解锁是一款兼具实用与美学的文创产品，为你的桌几案头添加了一份江南雅韵。

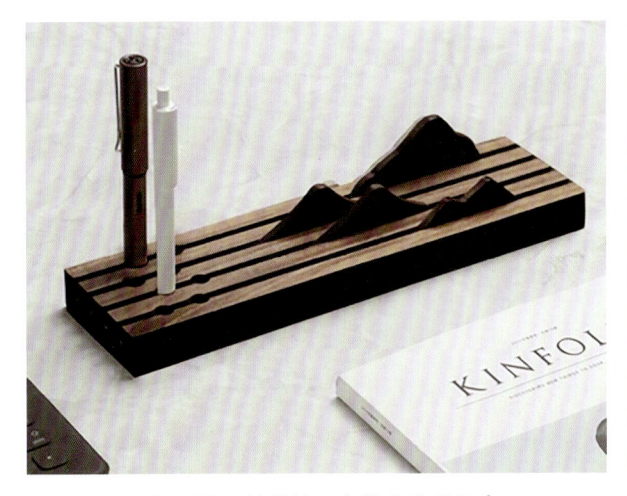

图 7-59　插笔的山水间文具置物座

图 7-60　山水间文具置物座

图 7-61　苏州博物馆片石假山山水园

图 7-62　山水间置物架组件细节

图 7-63　山水间置物架卡槽内挡板调节

青瓷莲花杯灵感来源于苏州博物馆的镇馆之宝、越窑青瓷中的珍品——五代秘色莲花碗（图7-64）。原文物是供奉用品，青瓷莲花杯在原文物的造型基础上，提炼莲花图案，增加人体工学把手设计，使杯子拿取更加方便，黑胡桃底座雕刻精美的莲花纹，更符合现代审美与实用性（图7-65）。特制釉色，釉色澄清温润，手握青瓷杯，仿佛可以感受到历史的气息，雅致的中国器物美学，温暖而惬意。

图7-64　五代秘色莲花碗与青瓷莲花杯　　　　　　　图7-65　青瓷莲花杯

苏州博物馆创意夜灯系列（图7-66）灵感来源于苏州博物馆自身建筑和馆藏《仙山楼阁》图卷（图7-67），采用苏式园林错落有致的造景手法，通过建筑、假山、秀水、翠竹、芭蕉等典型形象元素，多层交叠，重构画面。以立体化夜灯为载体，展现苏州博物馆别样的景致。

苏州丝绸刺绣文化浓厚、图案秀丽、针法活泼、绣工精美。这款文创产品是苏绣DIY套装（图7-68），精选四幅苏绣传统经典图案，即品质高洁的玉兰、多子多福的石榴、浪漫爱情的蝶恋花、俊雅脱俗的兰花，画面精美，诗意雅致。

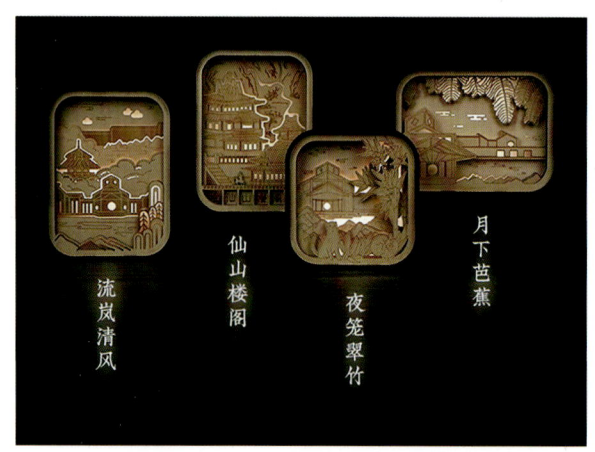

图7-66　苏州博物馆创意夜灯系列　　　　　　　图7-67　创意夜灯系列灵感来源

| 玉兰 | 石榴 |
| 蝶恋花 | 兰花 |

图 7-68　苏绣 DIY 套装

产品设计从初学者角度出发，配套齐全，有印制底纹图案的真丝绣布、打磨光滑的竹质绣绷、色彩雅致的精美绣线（图 7-69）。

真丝绣布　　　　　竹质绣绷　　　　　彩色绣线

图 7-69　苏绣 DIY 套装配件齐全

还有详细的刺绣步骤图解，使初学者更容易上手，在一针一线之中体验江南水乡细腻绵长的文化内涵（图 7-70）。

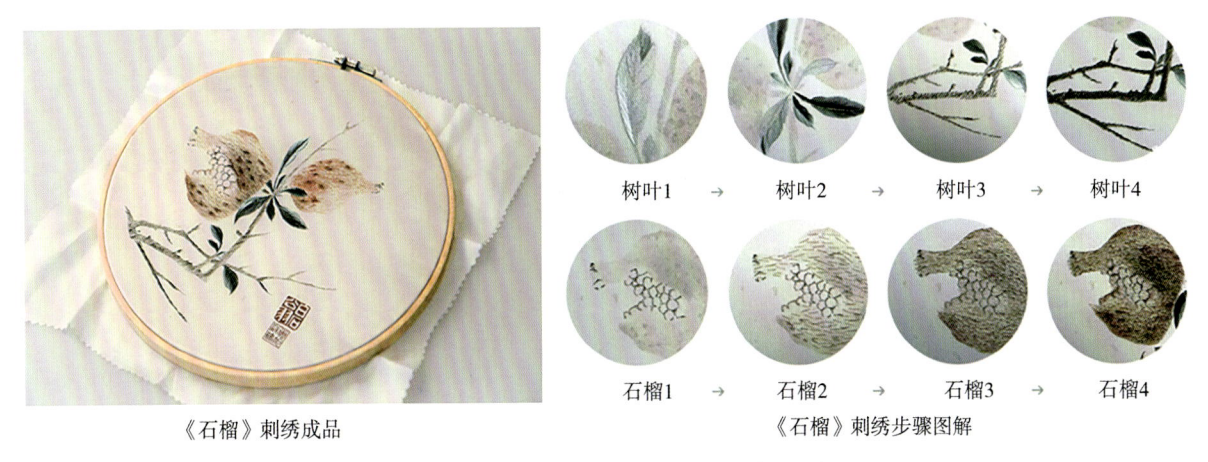

树叶1 → 树叶2 → 树叶3 → 树叶4
石榴1 → 石榴2 → 石榴3 → 石榴4

《石榴》刺绣成品　　　　　《石榴》刺绣步骤图解

图 7-70　苏绣 DIY 套装刺绣成品及步骤图解

苏州博物馆的文创作品不仅展示了苏州历史和文化的魅力，同时，它们也承载着中国传统文化的精髓。珍贵有趣的文创作品，将历史与现代生活完美结合，更好地传承和推广了苏州文化。

国内优秀的博物馆案例还有很多，比如有着近百年的建馆历史的河南博物院、有着"古都明珠，华夏宝库"美誉的陕西历史博物馆等，由于篇幅原因，请扫码继续欣赏相关文创案例和解析。

| 河南博物院案例欣赏 | 微课：河南博物院文创产品设计案例赏析 | 陕西历史博物馆案例欣赏 | 微课：陕西历史博物馆文创产品设计案例赏析 |

任务 7.2　国外博物馆文创产品设计

博物馆的文创产品设计充分展示了博物馆与观众之间的沟通桥梁作用。前面分享了国内博物馆的文创产品，领略了中华大地的历史人文之美，在这一节内容来看看国外博物馆及其代表性文创产品，感受世界上下几千年的人类文明。

7.2.1　大英博物馆（British Museum）

大英博物馆于 1753 年成立，是世界上历史最悠久、规模最宏伟的综合性博物馆，也是世界首个国家公立博物馆、"世界四大博物馆"之一，讲述全人类的文化故事。镇馆之宝有罗塞塔石碑、帕特农神庙、各类法老木乃伊、《女史箴图》等。大英博物馆在 1911 年 10 月首次开始在博物馆内销售明信片，随后在 1912 年 4 月开设了第一家博物馆商店，这标志着他们在文创开发和销售方面迈出了重要的一步。这一举措成为他们在文创领域开发和销售的里程碑。

盖尔安德森猫系列产品如"世界四大名碑"之一罗塞塔石碑系列、埃及木乃伊系列等文创产品非常受游客欢迎，如图 7-71 所示。

图 7-71　大英博物馆文创产品

7.2.2 纽约现代艺术博物馆（MoMA）

纽约现代艺术博物馆即纽约大都会博物馆，始建于 1870 年，是"世界四大博物馆"西半球最大的博物馆。MoMA 在文创产品设计方面也做得很出色。他们合作设计师推出了许多创意的家居用品、时尚的配饰和玩具等，多以藏品图案作为设计元素。如梵高、莫奈的油画作品、蒙德里安几何抽象画、日本浮世绘神奈川冲浪里、路易斯蒂芙尼的玻璃彩绘等，辨识度非常高。例如，他们与著名设计师合作推出的创意厨房用品，结合了艺术创意和实用性，成为当代生活中的时尚物品，如图 7-72 所示。

图 7-72 MoMA 文创产品

7.2.3 法国卢浮宫（Louvre Museum）

卢浮宫是法国昔日皇宫，曾作为 50 位法国国王和王后的居所。该建筑始建于 1204 年，具有 800 多年历史，位于法国巴黎市中心的塞纳河北岸，法国卢浮宫是世界四大博物馆之首。它被认为是法国文艺复兴时期最珍贵的建筑之一，以其丰富的古典绘画和雕塑收藏而闻名于世。

为了增强博物馆的互动性，法国卢浮宫开设了地下商场，将博物馆打造成一个兼顾艺术和商业的公共空间。这一举措旨在为访客提供更多与艺术品互动和购物的机会，使卢浮宫成为集艺术、文化和商业于一体的综合体。

卢浮宫也在文创产品设计方面有自己的特色。在法国卢浮宫，作为三大镇馆之宝之一的蒙娜丽莎在文创产品中出镜率最高，如图 7-73 所示。

如果游客还觉得对那些精美的艺术杰作欣赏不够，卢浮宫还提供定制打印服务。游客可以选择将心爱的艺术品形象印在纸张、画布甚至磁铁上，这样可以将它们小巧地摆放在书桌上，或者挂在墙上展示。定制打印服务能使游客将卢浮宫的艺术品带回家，随时欣赏和陶醉其中。

国外博物馆文创产品设计展现出对文化遗产的借鉴与创新、高品质的工艺和材料、多样化的产品类型，以及故事性与情感共鸣等特点。这些设计理念和特点使文创产品更具有独特性、吸引力和市场竞争力。

图 7-73 蒙娜丽莎主题文创产品

项目评价

根据自己的学习情况完成下面的表格，根据自己的掌握情况填涂○，以便后面查漏补缺。

学习情况自我审查一览表

学习目标		我的理解程度（要领概括）	掌握情况
知识目标	了解文化遗产、历史传承、民俗风情等相关知识，扩展对文化多样性和历史传统的认知		○○○○○
能力目标	通过培养对文创产品设计的鉴赏能力，能够分析、评价和理解不同文化背景下的设计作品，提升审美观念和判断力		○○○○○
素质目标	提升对文化遗产的尊重和保护意识，培养对传统文化的情感认同和自豪感，增强文化自信心		○○○○○
学习收获与心得			
学习难点与解决方案			
学习自我评价			
教师评价			

参考文献

[1] 李砚祖. 造物之美：产品设计的艺术与文化 [M]. 北京：中国人民大学出版社，2000.

[2] 李乐山. 工业设计心理学 [M]. 北京：高等教育出版社，2004.

[3] 鲁晓波. 工业设计程序与方法 [M]. 北京：清华大学出版社，2005.

[4] 蔡军. 工业设计 [M]. 长春：吉林美术出版社，1996.

[5] 朱月，杨猛. 创意旅游纪念品设计 [M]. 桂林：广西师范大学出版社，2019.

[6] 吴琼. 工业设计振兴传统手工艺产业研究 [M]. 北京：化学工业出版社，2019.

[7] 罗诗淇. 文创物语：解读文创设计力 [M]. 香港：香港高色调出版有限公司，2021.

[8] 潘鲁生. 文化创意产品设计开发 [M]. 北京：中国纺织出版社，2022.

[9] 李程. 文化创意产品设计 [M]. 北京：人民邮电出版社，2023.

[10] 胡飞扬. 文创产品设计 [M]. 武汉：华中科技大学出版社，2023.

[11] 黄潇. 文化产业背景下的绵竹年画研究 [D]. 成都：四川师范大学，2019.

[12] 李程，李汾娟. 产品设计问卷调查的常见问题与对策 [J]. 艺术与设计（理论），2012.

[13] 唐笑非. 在文化创意产品设计中的作用及情感表达 [J]. 包装工程，2016.

[14] 李程. 苏州旅游纪念品设计用户研究实践 [J]. 设计，2018.

[15] 姜欣宏. "互联网+"背景下文创产业发展研究——以朱仙镇木版年画为例 [J]. 山西农经，2019.

[16] 倪仁杰. 工业产品造型设计中的创新元素运用与品牌研究 [J]. 品牌研究，2019.

[17] 倪仁杰. 工业产品造型设计中的创新元素运用与品牌研究 [J]. 品牌研究，2019.

[18] 李多. 论插画艺术在文创产品设计中的作用及其应用原则 [J]. 文物鉴定与鉴赏，2020.

[19] 金晨. 插画艺术在博物馆文创产品中的运用 [J]. 西部皮革，2020.

[20] 王恰恰. 插画艺术在文创产品设计中的作用及其应用原则解析 [J]. 美术文献，2020.